KB182652

나를 찾는 30가지 질문

나를 찾는 30가지 질문

문정엽 지음

arte

‖ 차례 ‖

3 바람과 파도

나를 움직이는 힘

4 암초

삶에서 겪는 어려움

5 별과 등대

삶을 안내하는 가치, 의미, 목표

6 섬

삶의 과정에서, 삶을 통해 도달하는 곳

감사의 글

보다 나은 삶을 살기 위해서는 지식과 훈련이 필요하다. 나는 이 사실을 뒤늦게 깨달았다.

이 깨달음을 사람들에게, 특히 젊은이에게 전달하고 싶다는 생각을 오래 전부터 했지만, 생활을 꾸려야 한다는 핑계와 게으름으로 제법 시간이 흘렀다.

가장 필요한 지식은 자기에 관한 지식이다. 내가 중시하는 가치는 무엇이며 나는 내 삶을 어떻게 꾸려 나가고 싶으며, 내 삶 속에서 무엇을 경험하고 싶은가에 관한 지식이다. 자기를 명료하게 이해하려면 정직하게 자신을 들여다보려는 겸손함과 함께 나를 고취시키고 감동하게 하는 세상에 대한 관찰이 또한 필요하다. 이는 한순간의 감정이나, 일회적인 심리검사나, 몇 사람의 조언으로 발견할 수 없다. 자기를 온전하게 질문하고 세상을 질문하면서 발견하고 깨닫고 이해하는 것이다. 그래서 지식이다.

이 지식을 얻기 위해서는 꾸준하게 삶에서 배울 수 있어야 한다. 일을 하고, 사람들을 만나 대화하고, 다양한 경험을 하면서 원하는 삶이 무엇인가, 그런 삶을 만드는 요소와 재료를 발견하고 이해하는 것이다. 좋은 삶에 관한 지식은 아마도 평생에 걸쳐서 배워야 하는 지식일 수도 있다. 삶이 더 다채롭고 아름답기를 기대한다면 더욱더 배울 것이 많을 것이다.

내게 늘 사랑과 배려를 아끼지 않는 경희, 사회인으로 첫발을 떼고 꿈을 향해 달려가는 지은이와 소은이, 좋은 삶에 관해 영감과 지혜를 전해 준 많은 사람에게 감사의 말을 전한다.

2024년 11월
문정엽

체셔 고양이를 만났는가?

체셔는 영국의 소설가 루이스 캐럴(Lewis Carroll, 1832~1898)이 지은 소설 작품, 『이상한 나라의 앨리스』에 나오는 고양이다. 앨리스가 낯선 곳에 떨어졌는데, 그곳에는 길을 안내하는 많은 표지판이 있었다. 앨리스는 어느 표지판을 따라가야 할지 모른 채 헤매다가 고양이 체셔를 만나 이런 대화를 나눈다.

앨리스가 물었다.

"여기서 나가는 길 좀 알려줄래?"

고양이가 말했다.

"그건 네가 어디로 가고 싶은가에 달렸지."

앨리스가 다시 말한다.

"어디든 상관이 없는데, 나갈 수만 있다면 어디든 상관이 없어."

고양이가 대답한다.

"어딘가 도착하기만 한다면야, 그럼 넌 분명히 어디든 도착하게 되어 있어, 오래 걷다 보면 말이야."

체셔의 대답은 심드렁하게 느껴지지만, 깊은 의미가 담겨 있다.

앨리스는 "나는 어디로 가고 싶은가?", "어디로 가야 할까?"를 질문하지 않았다. 그래서 어디로든 가지 못한다. 삶에 대해 질문하지 않는다면 진심으로 원하는 삶을 발견하지 못한다는 메시지다.

이 책은 삶을 바꾸고 싶어 하는 사람들을 위해 쓴 책이다. "왜 내가 여기에 있을까?" "내가 바라는 삶은 이것이 아닌데!"라는 의문을 느끼는 사람들을 위해 쓴 책이다.

삶을 바꾸고 싶은 이유는 사람마다 다를 것이다. 나를 지치게 하는 일이 아니라 열정을 발휘하고 성취감을 느끼는 일을 찾고 싶다, 경제적으로 어려운 상황을 해결하고 풍족함을 얻고 싶다, 나를 지치게 하는 사람들이 아니라 사랑과 친밀감을 나누는 사람들을 만나고 싶다, 너무나 빠른 세상의 변화가 두렵고 내가 원하는 삶을 살아갈 수 있을지 불안하다…….

당신은 어떠한가?

나 또한 삶을 바꾸기를 원한다. 보다 행복한 경험을 많이 하고, 사람들과 사랑과 친밀감을 나누고, 마음속 열정이 가리키는 일을 멋지게 해내고 성취하는 삶을 꿈꿨다.

나는 다양한 일을 했고, 다양한 직업을 경험했으며, 소수지만 다양한 사람들과 교제하고 경험을 나누는 삶을 살았다. 26살의 나이에 사회로 첫발을 뗀 이후 30여 년을 기업에서 일했고, 창업을 해 봤으며, 3권의 책을 저술했다.

나는 이런 삶의 여정 속에서 삶이란 변화의 연속이고 변화 속에서 삶을 꾸리는 일이며, 변화는 모든 사람에게 주어진 삶의 조건이라는 사실을 깨달았다.

우리는 각자가 자기 삶의 주인으로 살고 또 살아야 한다.

그러자면 그저 주어진 삶이 아니라 내가 만드는 삶을 생각하고 그런 삶을 향해 살아가야 한다. 내가 원하는 삶은 한 번에 완성되지는 않을 것이다. 이는 곧 삶의 변화를 기대하고 그 변화를 만드는 과정 자체가 삶이란 뜻이다. 그러니 삶의 변화를 두려워할 필요는 없다. 삶이란 변화이고 그 변화 속에서 나는 살아간다.

문제는 "어떻게 변화를 만들어 가는가?"에 있다. 내가 원하는 변화 말이다. 지금, 당신이 자신의 삶을 바꾸길 원한다면 이를 고민하고 있을 것이다.

내가 바라는 삶, 내가 삶 속에서 경험하고 성취하고 느끼고 싶은 그런 변화를 어떻게 시작하고 만들어 갈 수 있을까? 대답을 쉽게 찾기는 어렵다. 그러나 현명한 방법은 있다.

　온전하게 삶을 마주하고 질문하는 것이다.

　나는 이 사실을 늦게야 깨달았다. 비록 청년 시절에 처음으로 삶에 의문을 품고 미래에 대해 의문을 가졌지만, 내가 진정으로 바라는 삶과 미래를 깊게 고민하지는 못했다. 주어진 상황과 조건에서 가능한 미래를 생각했고 선택했으니까.

　나이를 먹고 삶을 꾸리고 세상을 경험하면서 제대로 삶에 질문했어야 한다는 사실을 깨달았다. 좀 더 일찍 원하는 삶을 진지하게 질문했다면 현재의 내 삶은 많이 변했을 것이라고 생각한다. 후회하지는 않지만, 다른 선택과 그 선택에 따른 삶의 여정이 있었으리라고 생각한다.

　삶의 변화를 원한다면 삶에 대해, 자신의 삶에 대해 온전하게 질문해야 한다.

　내가 원하는 삶은 무엇이며, 나는 어떠한 사람이 되고자 하며, 삶에서 진짜로 경험하고 싶은 것이 무엇인가를 정직하게 묻는 것이다. 내 삶을 마주하는 유일한 사람은 바로 나 자신이다. 누구도 나의 삶을 대신해서 살아 줄 수는 없다. 내가 나의 삶을 질문하지 않고 살아간다면 내가 사는 삶은 나의 삶이 아니다. 주어진 조건과 환경에 반응하는 것 이상도 이하도 아니다. 그래서 삶에 대해 질문하는 것은 진정으로 삶을 마주하는 것이다. 삶 속에서 나를 찾는 것이다.

그럼 무엇을 질문해야 할까?
앨리스는 자신의 삶에 대한 질문 없이 체셔 고양이를 만났고, 체셔 고양이가 대신 질문했지만, 이제는 당신이 질문해야 한다.

당신이 온전하게 삶에 대해 질문하는 것을 돕기 위해 이 책에 30가지 질문을 담았다. 나를 찾고 나의 삶에서 의미와 충실함을 발견하기 위해 필요한 질문들이다. 앞서 생을 살아간 사람들, 지금도 살아가는 사람들이 마주한 질문들과 필자가 발견한 질문들이다.

어떤 질문들은 당신이 들어봤을 수도 있고, 스스로 해 본 적도 있을 것이다. 그렇지만 새로운 점이 없다고 무시하지 말기를 바란다. 진정으로 질문의 의미를 당신이 알고 있는가를 생각해 보라. 질문의 의미를 잘 모르고 대답한다면 삶의 변화를 이끄는 답을 찾지 못할 것이다.

질문의 의미를 깊게 생각하고 당신만의 답변을 찾기를 바란다.

삶의 변화는 결국 나의 변화다. 내가 있고 삶이 있는 것이 아니라 자신이 살아가는 삶 속에서 내가 존재하기 때문이다. 이 질문을 통해 삶의 변화, 그리고 스스로의 변화를 이끌 당신만의 답을 찾기 바란다.

앨리스가 이렇게 대답했으면 어땠을까?
"나는 흥미진진한 모험을 하고 싶어, 호기심이 넘치고 유쾌한 사람들과 대화하고 싶고, 그들의 이야기를 듣고 싶어, 그리고 내가 가보지 못한 세상을 가능한 한 많이 경험하고 싶어."

1
항구

현재 삶에 대한 이해

항구는 당신이 지금 서 있는 자리이다.

이 항구에 당신이 서 있는 이유가 있다.

이곳에 있기 까지 당신이 걸어 온 길에는 당신의 기대 혹은 희망이 담겨 있다.

또한 당신이 마주한 삶의 조건에 맞춰온 행동이 있다.

왜 이곳에 이르렀는가를 생각하라.

당신이 누구인가를, 당신이 걸어간 삶의 상황을, 당신의 선택에 따른

결과를 이해할 수 있다.

이럴 때 당신은 다음 삶의 여정을 어디로 선택해야 하는가를,

선택하고 싶은가를 발견할 수 있다.

01

나는 지금 왜 여기에 있는 것일까?

당신은 '나는 왜 지금 이 곳에 있는가?'를 생각해 본 적이 있는가?

이 질문은 당신의 삶을 이끌어 간 무엇을 찾는 질문이다. 곧 당신 인생의 여정을 이끈 원천을 묻는 질문이다.

당신이 만나는 사람들, 당신이 하고 있는 일과 직장, 당신이 성취하고 이룩한 것들, 혹은 후회하는 것들, 이 모두가 합쳐져서 지금 당신의 현재를 이루고 있다. 아마도 현재는 마음에 드는 것, 마음에 들지 않는 것, 그저 그런 것으로 이루어져 있겠다.

삶은 선택이 이어지는 여정이다. 지금 당신이 놓여 있는 상황은 사전에 정해진 것이 아니라, 자신의 선택으로 이뤄진 것이다.

선택에 따라 내가 살아가는 영역이 만들어졌고, 성취와 실패, 기쁨과 만족 혹은 슬픔과 불만족이 만들어진다.

당신의 선택을 되돌아보고 선택이 만든 현재를 생각해 보라. 그리고 진실로 중요한 답을 한 가지 찾아야 한다. 당신은 왜 이러한 선택을 한 것인가?

선택을 이끈 것은 욕망이다. 인간의 선택을 이끄는 가장 큰 힘은 바로 욕망이다. 욕망이란 무엇인가를 하고 싶고, 얻고 싶고, 누리고 싶다는 동기이자 행동을 이끄는 힘이다.

그런데 좀 더 생각해보자. 같은 욕망은 같은 인생의 여정을 만들게 될까?

성공을 생각해 보자.

성공을 얻기 위해 어떤 사람은 부를, 어떤 사람은 명예를, 또 어떤 사람은 예술에 헌신한다. 또 어떤 사람은 봉사의 삶을 살아가기도 한다. 왜 다른 선택을 하게 된 걸까?

욕망을 선택으로 이끄는 다른 원천이 있다. 욕망에는 두 가지 차원이 있다. 육체적 욕망과 정신적 욕망이다. 육체적 욕망은 정도의 차이는 있지만 모든 사람에게 동일하다. 욕망하는 대상도 비슷하다. 우리는 배고프면 먹고 졸리면 자고 위험하면 안전한 곳을 찾는다. 정신적 욕망은 오직 인간만이 가진 욕망으로 사람마다 다르다. 이 욕망은 개성, 자기실현, 삶의 충만함에 대한 욕망이다. 정신적 욕망을 실현하는 대상은 사람마다 다르고 다를 수 있다. 그리고 욕망을 실현하는 대상을 바로 찾기는 어렵다는 특징이 있다.

행복이 대표적이다. 행복을 얻으려면 먼저 행복이 무엇인가를 정해야 한다. '무엇이 행복인가?', '나에게 행복이란 어떤 것인가'를 질문해야 하는 것이다. 그런 다음에 자신의 믿음에 따라 행복을 얻는 선택을 하고, 그 선택으로 인해 사람마다 다른 삶을 만들게 된다.

현재가 불만스럽고 당신이 느끼기에 공허하거나 가득 차 있지 않다면, 이런 선택을 이끈 정신의 욕망을 스스로 들여다봐야 한다.

내가 만난 어떤 청년은 많은 사람들이 알고 있는 국내 대기업에서 일하고 있다. 주위에서 보기에 남부러울 것이 없어 보이지만, 이 친구는 현재 작가로 일할 준비를 하고 있다. 유복한 집안에서 태어나 일류 대학을 졸업했지만, 이 친구는 부모의 선택을 따라 첫 경력을 시작했고, 기업에서 일하던 중에 자신이 진정으로 하고 싶은 일이 글을 쓰고 작가로 일하는 것임을 발견했다.

이 친구는 중학교 시절에 문학을 가까이 했고, 독서에서 많은 즐거움을 느꼈지만, 취미 정도로 생각했고, 많은 사람이 따라가는 길을 선택했다. 이 청년은 부모님의 조언을 따라 일류 대학 경제학과에 진학했고, 졸업 후에는 기업에서 일하는 것을 선택했다. 부모님의 기대를 저버리고 싶지 않았고 안전한 경로라고 생각했기 때문이다. 그러나 이 청년은 뒤늦게 작가가 되고 싶다는 자신의 욕망, 창작에 대한 욕망이 매우 크다는 것을 인식했다.

이처럼 삶을 이끄는 것은 욕망이지만 언제나 자신의 욕망을 제대로 이해할 수 있는 것은 아니다. 깊게 고민하고 마음을 들여다봐야 진정으로 자신의 욕망을 이해할 수 있다.

당신이 살고 있는 현재는 누구의 삶일까? 물론, 당신의 삶이다. 그런데 진짜로 당신의 삶인가? 삶이 온전히 당신의 삶이 되려면, 당신의 욕망이 선택을 이끌고, 그 선택에 따른 삶을 살아야 한다.

"나는 지금 왜 이곳에 있는 것일까?"

이 질문은 당신 자신을 깊게 이해하기를, 당신의 마음속 가치와 당신이 했던 행동을 마주하기를 요구한다. 마음속에 있었지만 놓쳤던 욕망을 찾는 질문이다.

이 질문에 대한 답은 오직 당신만이 할 수 있다. 마음속 깊은 곳에서 당신의 목소리를 들어 보라. 당신 자신을 새롭게 보라.

나는 지금 삶의 변화를 꿈꾸고 있는가?
왜 그렇게 생각하는가?

나는 지금 삶의 변화를 꿈꾸고 있는가?

이 질문은 '진정으로 내가 원하는 변화가 무엇인가'를 묻고 있다. 변화에는 강제되는 것과 의도적인 것이 있다.

직장에서 일하는 것이 즐겁지 않은 사람이 있다고 가정하자. 이 사람은 현재 자신이 받는 연봉에 불만을 느끼고 이직을 원하고 있다. 이직은 커리어에서 늘 있을 수 있는 일이고, 이직을 통해 더 좋은 일을 하고, 더 많은 성취를 기대할 수 있다. 더 많은 연봉을 원하는 마음도 잘못된 생각은 아니다. 마음은 현실에 대한 불만을 민감하게 인식하기 때문에, 이런 생각을 좇는 것이 바람직하다고 여겨질 수 있다.

그런데 여기에 우리가 쉽게 놓칠 수 있는 것이 있다. 우리가 추구해야 하는 변화는 삶의 차원을 높이는 질적인 변화이고, 진정으로 마음속 열망을 실현하는 의도적인 선택의 결과여야 한다는 점이다.

이직은 중요한 변화다. 보상만 바뀌는 것이 아니다. 새로운 환경과 새로운 일, 함께 일하는 사람들이 바뀌는 큰 변화가 있기 때문이다. 일을 통한 성취가 새로운 맥락에서 만들어지는 중요한 변화인 것이다. 즉, 성취와 보람, 관계, 그리고 성장을 촉진하는 일과 경력을 선택하는 계기로서 질적인 변화인 것이고, 이런 변화를 생각하고 추구하는 것이 바로 의도적인 변화다.

그런데 단지 일하는 곳에서 느껴지는 불만, 환경에 대한 불만을 해결하기 위한 이직은, 사실은 강제된 선택이다. 단지 벗어나는 변화에 불과하기 때문이다.

삶에서 변화는 불가피하다. 우리가 살아가는 삶의 영역에서—가족, 직장, 공동체, 사회⋯— 우리가 바라고 기대하는 모든 것을 완전하게 경험할 수는 없다. 그래서 우리는 원하는 삶을 살기 위해 삶을 바꾸고 또 바꿔야 한다. 이런 변화는 질적인 변화를 향한 의도적인 선택을 할 때만이 가능하다.

현실에 불만을 느끼고 단지 그 현실에서 벗어나려는 선택은 강제된 선택이다. 이런 강제된 선택은 우리가 최선을 다하고 온전하게 살아가도록 동기를 줄 수 없다. 내가 삶에서 기대하는 진정한 열망을 실현하는 질적인 변화를 향한 것이 아니기 때문이다.

현대경영학의 아버지로 인정받는 피터 드러커(Peter F. Drucker, 1909~2005)는 고등학교를 졸업한 18세가 되던 해에 생에 처음으로 일자리를 얻기 위해 고국을 떠났다. 이 선택은 한때 유럽을 지배하던 왕국(오스트리아 합스부르크 왕국)에서 인구 수백만의 소국으로 전락하던 오스트리아를 떠나 넓은 세계에서 자신이 살아갈 삶을 찾으려는 의지에 따른 것이다. 동시에 이 선택은 부모님의 후원으로 대학에 진학하고 교수나 의사, 관료로 경력을 꾸릴 수 있던 오스트리아 중상류층 자녀에게 허용된 기회를 포기하는 선택이었다.

이 선택이 쉬운 선택이었을까? 이 선택은 외부인이 보기에는 예외적이고 어쩌면 오만해 보일수도 있겠지만 자신에게는 어렵지 않은 선택이었다고 훗날 드러커는 말했다. 그는 넓은 세계에서 가능성을 발견하기를 원했고, 자유로운 생활을 경험하고 싶은 자신의 마음을 인식하고 따랐기 때문이다. 드러커는 의도적으로 변화를 선택한 것이다.

당신은 삶의 변화를 꿈꾸고 있는가? 왜 그런 생각을 하는가?
이 질문은 당신에게 변화를 꿈꾸는 근원적인 동기를 질문한다.
이 변화가 당신이 간직한 깊은 열망을 따르는 의도적인 선택인가를 묻는다.

또한 당신이 그리는 변화가 당신의 삶을 질적으로 향상시키는 변화인가를 묻는다.

변화를 느낀다면 먼저 깊게 생각해 보라. 진실한 열망을 이해한 후에 내리는 선택만이 온전하게 그 변화를 추구할 수 있고, 변화에 따르는 어려움을 이겨낼 수 있고, 변화를 추구하는 삶을 살 수 있도록 돕는다는 사실을.

이 질문에 대한 답은 오직 당신만이 할 수 있다.

마음 속 깊은 곳에서 당신의 목소리를 들어 보라.

당신 자신을 새롭게 보라.

03

내 삶에 일어났던
가장 중요한 사건은 무엇일까?

당신은 당신에게 일어난 가장 중요한 사건을 생각해 본 적이 있는가?

이 질문은 내게 가장 중요한 경험을 묻는 질문이다.

또한 내가 어떤 사람이며, 내 삶을 이끄는 가치가 무엇인가를 묻는 질문이다.

나는 강의를 하거나 사람들과 대화할 때 종종 이 질문을 한다.

"저에게는 결혼이죠!"

"원하던 대학에 입학한 순간입니다."

"첫 아이가 태어나던 순간입니다. 지금도 그 때를 잊을 수가 없어요!"

"첫 투자에서 30% 수익률을 올렸던 일입니다" 이렇게 대답했던 사람도 있다.

모두에게 옳은 답은 없다. 각자가 기억하는 소중한 경험들이다,

그런데, 이 질문을 좀 더 깊게 생각해 보자.

가장 중요한 사건, 지금의 나를 만들고 내 삶의 방향을 정했거나 혹은 삶을 구성한 중요한 계기가 되는 사건을 생각해 보자.

당신이 기억하는 사건들은 당신이 추구하는 삶의 가치와 목적에 영향을 준 사건들이다.

그 사건들을 상기하는 일은 마음 속 가치를 되새김하고 현재의 삶을 다시 돌아보도록 해 준다.

어쩌면 깊은 상실과 고통을 준 사건들도 있을 것이다.

가족이나 사랑하는 사람을 잃었거나,

열정을 다해 추진했던 일이 실패했던 경험일 수도 있다.

혹은 인간관계에 지치고 자신에 대해 깊은 좌절을 겪었을 수도 있다.

자신이 누구인가라는 생각, 곧 정체성과 삶에 대한 생각은 경험을 통해 영향을 받는다.

이 경험을 돌아보는 이유는 미처 성찰 할 겨를이 없이, 경험이 우리 마음 속 가치를 만들고 세상에 대한 인식을 만들 수도 있기 때문이다.

우리는 경험하는 대로 생각하고 반응하는 것이 아니라, 경험을 통해 삶을 이해한다.

그런데 우리는 경험의 의미를 그것을 경험한 그 순간에는 온전하게 이해하지는 못한다.

이것이 인간 이성이나 지식의 한계 때문인지, 혹은 경험이란 원래 그런 것인지를 말하기는 어렵다. 아마도 인간에게 주어진 삶의 조건이 아닐까 생각한다.

과거에 내가 겪은 경험은 나를 만들고 내 삶을 만들었지만 온전하게 이해한 것이 아니다.

경험을 성찰하고 해석할 때 진정으로 나 자신과 내 삶을 진정으로 이해할 수 있다.

당신에게 중요한 사건을 기억하는 것은 기록을 위한 것이 아니라 이해를 위한 것이다.

그런데 우리에게 진실로 중요한 사건이 있다.

나는 사람들의 대답을 듣고 다시 질문한다.

"좋습니다. 그러셨군요. 그런데 이런 사건들을 가능하게 했던, 만일 그것이 없었더라면 이 사건들이 없게 되는 사건이 없었을까요?"

사람들은 좀 더 생각하기 시작한다.

당신에게도 같은 질문을 하고 싶다.

그것이 없었더라면 당신이 존재하지 않았고, 당신의 삶도 있을 수 없는 그런 사건 말이다.

당신이 태어난 사건이 당신에게는 가장 중요한 사건이다.

태어나지 않았다면 그 모든 사건도 없었다.

이번 질문은 내가 조언하는 질문 중에서 유일하게 하나의 답을 말하는 질문이다.

'과연 이것이 답인가?'를 묻는 질문이라고 생각해도 좋다.

누구에게나 삶에는 시작이 있다. 과정도 끝도 시작이 없다면 결코 있을 수 없다.

그래서 시작은 우리 모두에게 가장 중요한 사건이다.

독일의 철학자인 한나 아렌트(Hannah Arendt, 1906~1975)는 '출생'을 '시작하는 힘'이라고 이름 붙이고, 이를 철학적으로 탐구했는데, 충분히 그럴 가치가 있다.

시작하는 힘이 인간에게 갖는 의미란 엄청나게 중요하기 때문이다.

그 의미는 당신은 삶을 살 자격을 얻었다는 것이다.

생명을 가진 존재로서 당신은 삶을 시작했다.

삶은 모든 사람에게 주어진 것이다.

그런데 어떤 삶을, 어떤 사람으로 살아가는 지는 오직 각자에게 주어진다.

어떤 사람을 만나고, 어떤 사람과 교제하며, 또 어떤 일을 하며, 어떤 발자취와 영향력을 남기는가?

이 모든 가능성과 공간은 오직 당신에게 달려 있다.

결국 삶은 주어진 것이지만 또한 구성되는 것이다.

이 구성을 어떻게 하는 가는 오직 당신에게 달려 있다.

당신은 어떤 삶을 구성할 것인가?

어떤 붓으로, 어떤 색으로, 어떤 모양으로 삶을 그릴 것인가?

당신의 삶이 어떤 삶이되기를 기대하는가?

당신의 삶이 사람들에게 어떤 인상을 남기고 영향을 미치기를 기대하는가?

지금까지 당신은 누군가의 자식으로 또는 부모로, 누군가의 친구로 삶을 살아왔고,

학생으로, 직업인으로, 제자로, 스승으로 삶을 살아 왔을 것이다.

이 삶은 시작되었기에 가능했던 삶이고, 또한 앞으로도 구성되어 나갈 것이다.

"지금까지 내 인생에 일어난 가장 중요한 사건은 무엇인가?"

이 질문은 삶의 소중함을 다시 생각해 보기를 묻는다.

오늘까지 당신을 만들어 온 소중한 경험을 묻는다.

그리고 당신이 부여하는 삶의 의미와 기대를 묻는다.

이 질문에 대한 답은 오직 당신만이 할 수 있다.

마음 속 깊은 곳에서 당신의 목소리를 들어 보라.
당신 자신을 새롭게 보라.

04

내가 지금까지 인생에서 배운
가장 중요한 교훈은 무엇인가?

삶에 대해서는 다양한 비유가 있다. 어떤 이는 '책'으로, 어떤 이는 '여행'으로, 또 어떤 사람은 '작품'으로……. 표현은 다르지만 이들 모두가 삶에는 시작과 끝, 그리고 과정이 있다는 점을 말하고 있다.

나는 삶을 '배움'이라고 말하고 싶다. 우리는 모두 살아가면서 배우고, 배우면서 살아가고 있다. 먹는 방법, 걷고 뛰기, 읽고 쓰는 방법, 말하고 대화하는 요령, 운전, 창작, 돈 버는 방법, 세상을 보는 시각 등 우리는 배움을 통해 정신을 향상하고, 유용한 방법을 익히며, 세상을 이해하며, 내가 원하는 삶, 보다 좋은 삶을 살아가는 지식과 의욕을 얻는다.

그런데 삶 전체를 놓고 배워야 할 주제가 있다.

내가 지금까지 인생에서 배운 가장 중요한 교훈은 무엇인가?
이 질문은 삶에서 배운 교훈을 통해 당신이 향상된 삶을 살아가고 있는가를 묻고 있다.
이 질문에는 두 가지 의미가 담겨 있다.

첫 번째는, '당신은 삶에서 배우려고 하는 태도가 충분한가?'이다.
'삶에서 배운다.'는 말의 뜻을 지금 진지하게 생각해 보기를 권한다.
'내가 원하는 삶을 살아가지 않겠다.'라는 사람은 없다. 당연한 말이다.
그런데, '자신이 원하는 삶을 살아가는 것'은 다른 문제다.
이런 삶을 살려면 최소한 자신이 원하는 삶이 무엇인가를 알아야 하며, 원하는 삶의 조건과 무대를 만들어 가야 한다.

이를 실현하는 일이 100% 가능할까? 그렇지는 않다.
우리가 사는 삶이란 어떤 절대자가 있어서 무대를 만들고, 단지 우리는 그 안에서 연기를 하는 것이 아니다.
우리가 주인공이고, 우리 스스로가 무대와 역할, 스토리를 만들어 간다.
우리는 오직 자신이 원하는 삶을 추구하면서 그것에 가까이

가도록 사는 것이다.

원하는 삶에 가까운 삶이 가능하도록 지탱하는 힘이 바로 삶을 배우는 것이다.

즉, 삶에서 느끼고 경험하며, 원하는 삶을 이해하고, 원하는 삶의 조건을 이해하고, 어떻게 삶을 꾸며 나갈 것인지를 이해하는 것이다.

마치 연극에서 1막이 있고 잠시 쉬다가 2막이 있는 것처럼, 우리는 배움을 통해 무대를 바꾸고 주인공을 바꾸고 관계를 바꾸고 줄거리를 바꾸는 것이다.

인생의 주인공으로서 당신은 어떤 캐릭터인가? 당신의 대사는 무엇인가? 당신의 역할은 무엇인가?

당신은 삶에서 배우려고 하는가? 배워 왔는가? 무엇을 배우고 싶은가?

두 번째 의미는 현재의 삶을 만들어 온 배움을 상기하는 것이다.

삶에서 배우는 것은 삶을 대하는 태도, 사람들과 관계하는 의미와 태도, 일과 경력의 의미, 가치와 목표 등 인생을 구성하는 중요한 주제들이다.

당신이 배운 것은 현재 당신이 하는 일, 만나는 사람들과 맺고 나누는 관계, 살고 있는 곳에 영향을 미쳤을 것이다.

그리고 앞으로 당신이 살아갈 삶의 여러 영역에 영향을 미칠 것이다.

이 배움을 상기하는 일은 현재의 삶을 살펴보고 삶의 변화를 위한 지침을 얻도록 돕는다.

미국의 방송인 오프라 윈프리(Oprah Winfrey, 1954~)는 "내가 배운 가장 큰 교훈은 용서가 자신에게 주는 선물이라는 것입니다." 라고 말했다.

오프라가 보여주는 격려와 나눔의 삶이 어떻게 가능했는가를 이해할 수 있다.

애플을 창업한 스티브 잡스(Steve Jobs, 1955~2011)는 "인생은 여정이며 나는 이 여정을 포용해야 한다는 점을 배웠습니다. 우리는 직감, 운명, 삶, 카르마 등 무엇이라도 믿어야 합니다. 왜냐하면 점이 길을 연결해 준다는 믿음은 그것이 당신을 잘 닦여진 길에서 벗어나게 할지라도 당신의 마음을 따를 수 있다는 자신감을 주기 때문입니다."라고 말했다.

왜 잡스가 그렇게 지속적으로 열정을 따르고 혁신을 추구하는가를 이해할 수 있다. 그는 단지 부를 쌓기 위해서 기업가로 일한 것은 아니었다.

"내가 지금까지 인생에서 배운 가장 중요한 교훈은 무엇인가?"

이 질문은 당신이 살아온 삶에서 잠시 멈추고는, 지나온 삶을 돌아보고, 삶을 이끌었던 교훈을 상기하며, 앞으로 살아갈 삶에서 당신을 이끌 지침을 질문한다.

그리고 삶에 대한 배움의 의미를 돌아보게 한다.

이 질문에 대한 답은 오직 당신만이 할 수 있다.

마음 속 깊은 곳에서 당신의 목소리를 들어 보라.

당신 자신을 새롭게 보라.

05

지금까지 내가 만든 가장 큰 성취는 무엇일까?
그 성취를 자랑스럽게 생각하는가?

당신이 아직은 젊다고 생각하거나 혹은 대단한 무엇을 성취하기에는 짧은 삶을 살아왔다고 생각하더라도, 이 질문은 의미가 있다.

이 질문은 당신이 스스로를 자랑스럽게 생각하는 가를, 그렇게 생각하는 근거를 질문한다.

자신을 자랑스럽게 생각하는 일은 쉬울까? 어려울까?

자신을 뿌듯하게 생각하는 마음이 자부심이다.

이 자부심에는 근거가 있어야 할까? 있다면 근거는 무엇일까?

어렵다는 쪽에서 생각해 보자. 자부심은 대단한 업적이 있을 때 가능한 것이다.

미국의 기업가 일런 머스크(Elon Musk, 1971~)는 테슬라(Tesla)를 통해 현재 전기자동차 산업을 이끌고 있다. 20세기 초부터 자동차 산업을 이끈 선두주자였던 제너럴 모터스, 포드, 메르세데스 벤츠나 폭스바겐을 뛰어 넘어, 짧은 기간에 사업을 성장시킨 그의 업적은 탁월하다고 평가할 수 있다. 그가 보여주는 자부심은 정당하다.

자부심은 비단 기업세계에만 국한 되지 않는다. 삶의 모든 영역에서 성취한 업적에 대해 느끼는 자기 인식이다.

일류 대학 공과대학에 진학했으나, 자신이 추구하는 학문이 아니라는 사실을 뒤늦게 깨달은 어느 학생은 1학년을 보내던 해에 대입수능에 다시 도전했고, 3수 끝에 원하는 전공을 찾아 다시 대학에 입학했다. 현재 그녀는 대학을 졸업하고 원하는 직업을 갖고 열심히 일하고 있다. 이 사람은 자부심을 가질 만하다.

아무런 기반이 없는 이민자로 미국에 건너가 자녀들을 모두 일류 대학에 진학시킨 어느 한인 부모들도 자부심을 느낄만하다.

고아, 병자, 노인들을 돌보기 위해 자발적으로 학교, 고아원,

양로원을 설립한 사람들이 느낄 수 있는 자부심은 정당하다.

쉽다는 쪽에서 생각해 보자. 자부심은 대단한 업적과는 무관하게 스스로가 부여하는 것이다.

중년에 이혼을 한 어떤 여성에게 친한 친구가 위로를 한다.

"너는 최선을 다해 아내로서 그리고 어머니로서 역할을 해 왔어, 네가 슬퍼할 이유도 없고 자신을 부끄럽게 생각할 필요도 없어. 그러니 자신을 낮추지 마!"

이 여성이 자부심을 느끼는가는 불문하고, 이런 자부심은 가능한 것일까? 근거 없이 자신을 낮추는 생각만큼 이런 자부심이란 부자연스럽게 느껴진다.

자부심과 쉽게 혼동하는 것으로 자기애가 있다.

'자기애'는 자신이 한 인간으로서 삶을 살아가는 소중한 존재라는 인식이라면

'자부심'은 자신이 성취한 업적에 대한 자기애다.

누구나 자기애가 있으며 자기애를 가질 수 있고 또 가져야 한다.

삶은 나와 함께 시작하고 삶을 꾸려 나가는 사람은 자신이기 때문이다.

그런데 자부심은 다른 것이다.

자부심은 스스로가 의미 있는 성취라고 생각하는 것을 자신이

이뤘다는 객관적 실현에 대한 인식이다.

이 때 성취에 대한 인정은 타인이 아니라 자신이 부여한 것이다.

타인의 인정은 자부심을 더 해 줄 수 있지만 자부심을 인식하는 본질적인 요소는 아니다.

자신이 인정하는 성취가 아니라면 타인의 인정은 의미를 줄 수 없기 때문이다.

자신이 인정하는 성취를 실현한 자신에 대한 인식, 이런 자부심이 진정한 자부심이다.

실제 자신의 모습에 대한 것이 자부심이며, 만일 평범한 사람이 자신에게 자부심을 느낀다면 그 자부심은 근거 없는 망상일 뿐이다.

멍청한 사람이 자신의 멍청함에 자부심을 가질 수 없듯이, 취향과 교양이 저속한 사람 또한 자신의 저속함에 자부심을 가질 수는 없다.

그 누구도 자신이 인간이라는 사실 자체에 자부심을 가질 수는 없기 때문이다.

자부심은 자신이 믿는 의미 있는 성취를 이뤘다는 인식에 기반을 둔 것이지, 그저 고집하거나 주장으로 얻을 수 있는 것이 아니다.

또한 자부심은 타인의 인정이 있어야만 얻는 것이 아니다.

자신이 믿는 의미 있는 성취는 때로 타인의 인정을 못 받을 수도 있다.

그러나 진정으로 자신이 믿는 대로 노력하고 성취한다면 그런 자신에 대해 자부심을 느끼는 것은 정당하다.

어느 작가는 아직 베스트셀러는 아니지만 몇 개의 작품을 썼다.

그는 그가 말하고 싶은 내용을 최선을 다해 몰입해서 글로 완성했다.

그는 자신에 대해 자부심을 갖는다. 이런 자부심은 정당하다.

자신이 성취한 일에 대해 스스로가 자부심을 느끼는 것은 삶에서 매우 중요하다.

우리는 모두 좋은 삶, 보다 좋은 삶을 위해 살아가기를 원하기 때문이다.

당신에게도 여러 성취가 있었을 것이다.

삶에서 실현하려는, 일을 통해 실현하려는 가치가 있다면,

그것을 위해 노력했을 것이고 그 과정에서 성취했을 것이니까.

원하는 대학에 입학하기 위해 열심히 공부했고, 이를 달성했다면 이것은 하나의 성취이다.

혹은 자신이 원하는 일을 하기 위해 지식을 쌓고 기술을 익혔다면 이것도 성취이다.

일하는 조직의 목표를 달성하기 위해, 담당한 분야에서 할 수 있는 최선의 기여를 하고 있다면, 이 또한 성취이다.

스스로 마음과 몸을 다해 결과를 만든 모든 것은 성취라고 부를 만하다.

자부심은 자신이 스스로 부여하는 것이다.

타인의 인정은 자부심의 원천이 아니다.

성취의 크기와 영향력이 자부심을 정하는 것도 아니다.

자신이 지향하는 가치와 목표, 그리고 그것을 위해 노력한 자신에 대한 인식이 자부심이기 때문이다.

만일, 자부심을 느낄 만한 성취가 아직 없거나 부족하다고 생각한다면,

정당하게 내가 부여하는 자부심을 느끼는 삶과 일, 그것을 실현하기 위해 지금 해야 할 일을 생각해보라.

보다 좋은 삶은 자신을 향상하는 삶이다.

자부심은 자신을 향상하는 삶을 살고 있다는 뚜렷한 자기인식이다.

자부심을 느끼는 삶은 자신이 실현하고 싶은 소중한 무엇을 만들고 실현하는 삶에서만 주어진다.

이 과정은 오직 당신 자신이 정신을 발휘하고 몸을 쓰면서 자신의 잠재력을 발휘하고 계발할 때 가능하다.

미국의 철학자인 리처드 테일러(Richard Taylor, 1919~2003)는 이런 말을 했다.

"애써 평범할 필요가 없다. 아무것도 아닌 또 다른 존재가 되거나 별다른 차이를 보이지 못해 쓸모없는 존재가 될 필요도 없다. 당신이 생각과 이성, 창조력으로 이룬 것은 세상을 눈부시게 할 수도, 하지 못할 수도 있다. 물론 그러지 못할 확률이 압도적으로 높지만 그건 별로 중요치 않다. 중요한 것은 당신이 그 누구도 할 수 없었던 가치 있는 그 무언가를 하게 되리라는 사실이다."

우리는 스스로를 존중하고 믿을 수 있다.

"지금까지 내가 만든 가장 큰 성취는 무엇일까? 그 성취를 자랑스럽게 생각하는가?"

이 질문은 당신이 삶에서 지금까지 성취한 것을 묻는다.

그리고 자부심을 느끼는 삶에 대한 당신의 의도와 태도를 묻는다.

이 질문에 대한 답은 오직 당신만이 할 수 있다.

마음 속 깊은 곳에서 당신의 목소리를 들어 보라.

당신 자신을 새롭게 보라.

06

오늘이 내 인생의 마지막 날이라면,
오늘 나는 내가 하려고 했던 일을 할 것인가?

삶의 반대말은 무엇일까?

만일 죽음이라고 생각한다면, 이 답은 진실이 아니다.

죽음이 삶의 끝, 종말이기는 하지만 말이다.

왜 그럴까?

생명체인 인간에게 삶과 죽음은 처음부터 연결되어 있기 때문이다.

인생에는 처음부터 마지막 날이 포함되어 있다.

당신은 마지막 날을 어떻게 맞이하고 싶은가?

인류가 디지털 라이프를 향유하도록 도운 미국 애플(Apple)을 창업하고 성장시킨 스티브 잡스는 2011년에 세상을 떠났다.

인간 정신의 탁월함을 보여준 그는 췌장암으로 오랜 기간 고통 받았다.

죽음을 앞둔 어느 날 병실에서 잡스는 이렇게 말했다.

"나는 비즈니스계에서 성공의 끝을 보았다. 타인의 눈에 내 인생은 성공의 상징이었다. 하지만 지금 병들어 누워 과거의 삶을 회상하는 이 순간 나는 깨닫는다. 자부심에 빛나던 사회적 인정과 부는 결국 죽음 앞에서는 희미해지고 무의미해진다는 것을. 나는 어둠 속에서 생명 연장 장치의 녹색 빛과 기계음을 보고 들으며 죽음의 숨결을 느낄 수 있었다. 이제야 깨달았다. 삶을 이어나갈 적당한 부를 쌓았다면 그 이후 우리는 부와 무관한 것을 추구해야 한다는 사실을. 당신은 차를 운전해줄 사람을 고용할 수 있고, 돈을 벌어줄 사람을 구할 수도 있다. 하지만 대신 아파해 줄 사람을 구할 수는 없을 것이다. 잃어버린 물건은 되찾을 수 있지만 삶은 한번 잃어버리면 절대 되찾을 수 없는 유일한 것이다. 우리가 현재 삶의 어느 순간에 있던, 결국 시간이 지나면 삶이라는 연극의 커튼이 내려오는 마지막 순간을 맞이할 것이다. 가족 간의 사랑을 소중히 여겨라. 배우자를 사랑하고 친구들을 사랑하라. 너 자신을 배려하라, 타인과 더불어."

"오늘이 내 인생의 마지막 날이라면, 오늘 나는 내가 하려고 했던 일을 할 것인가?"

이 질문은 '바로 지금, 당신이 원하는 진실한 삶을 살고 있는 가?'를 묻는다.

이 질문은 세 가지 의미를 담고 있다.

첫 번째 의미는, 진정으로 자신이 원하는 삶을 찾아야 한다는 것이다.

당신이 지금 있는 자리, 하고 있는 일은 분명히 당신이 선택한 길이다. 그럼에도 당신의 선택은 당신의 꿈과 열망을 온전하게 담은 선택이 아닐 수도 있다.

만일, 당신이 행복하지 않다면, 만족하지 않는다면 그 선택은 당신의 모습을 담은 것이 아니다.

때로 당신이 살아가는 현재는 다른 사람의 요구에 따른 것일 수도 있고, 혹은 불가피한 상황이 개입되어 있을 수도 있다.

삶의 조건이 항상 바람을 충족시킬 수 있도록 주어지지는 않기 때문이다.

그럼에도 그런 삶의 조건을 이유로 바라는 삶에 대한 기대를 포기한다면, 바라는 삶을 찾을 수는 없을 것이다.

그 어떤 것이든 당신의 존재는 당신이 하는 일과 당신이 있는 곳에 있다.

지금 생각해 보라. 자신이 원하는 삶에 대한 전망을 따라 살아가고 있는지를, 혹시 잃었는지를,

만일 그렇다면 그렇게 살아가는 것을 받아들인 이유를 생각해

보라.

두 번째 의미는, 현재에 충실한 삶의 가치를 생각해 보라는 것
이다.
때때로 우리는 미래에 무엇인가를 얻기 위해 현재를 유보하는
삶을 선택하기도 한다.

일과 성공만을 쫓는 사업가가 있다.
사업을 성공시키기 위해 자신이 할 수 있는 최선을 다해 일하
는 사업가는 그 과정에 열정을 바칠 수 있고, 성공을 만들어 가
는 과정에서 행복할 수 있다.

그런데 인생이 단 하나의 목표만으로 행복해 질 수 있을까?
인간으로서 우리가 원하는 삶에 대한 바람은 여러 가지이다.
당신은 오직 하나의 목표, 하나의 결과를 얻는 것이 내 인생에
는 최선의 삶이라고 생각할 수 있을까?
진부한 이야기일 수 있지만, 적지 않은 사업가가 이혼을 하고,
깊은 상실감을 겪는다.

삶은 그래프가 아니다.
처음에는 낮은 곳에서 시작해서 높은 곳에서 정점을 찍는 궤
적이란 없다.
그래프는 수평과 수직축으로 구성되는데, 인생에 대입해 보면

수평축은 시간일 수 있다.

그런데 수직축은 무엇이 될까?

부, 명예, 지위 같은 것일까?

만일 재산이라면 미스터 에브리씽으로 불리는 세계 최고의 부자 무함마드 빈 살만(Mohammed bin Salman, 1985~)은 삶의 정점에 있는 것일까?

삶은 그래프라기보다는 그림과 유사하다.

그림에는 밝은 색도 있고 어두운 색도 있다. 그리고 색이 어울려져서 어떤 인상을 남긴다.

삶은 늘 계속되고 우리는 삶 안에 밝은 색과 어두운 색으로 그림을 그리는 것이 아닐까?

행복, 만족, 기쁨, 열망, 충만감은 밝은 색이고 슬픔, 상실, 분노는 어두운 색이다.

그렇다면 삶 속에 밝음을 더 많이 채우는 것이 최선의 삶이 아닐까?

이 밝음을 단 하나의 목표, 성취로 만들 수 있을까?

함께 살아가는 사람과의 관계, 나를 실현하는 경험, 세상을 위한 기여 등 우리가 삶에서 소중한 가치로 생각할 수 있는 것은 여러 가지이다.

그것은 현재에도 있어야 하고 미래에도 있어야 하는 삶의 재료이자 요소들이다.

지금 우리는 살고 있다. 사실 언제나 살고 있다.

즉, 우리는 삶의 재료와 요소들로 늘 삶이라는 그림을 그리고 있다.

이런 삶은 미래로 유보될 수 없는 것이다.

세 번째 의미는, 삶은 늘 창조된다는 것이다.

모든 사람이 늘 원하는 대로 삶을 살기는 어렵다.

때로 상황이 안 맞아서, 혹은 가족과 이웃에 대한 책임을 다하기 위해 자신만의 꿈을 연기할 수도 있다.

그러나 자신이 원하는 삶에 대한 포기는 인간으로서 가장 중요한 자신의 행복을 포기하는 것이다.

그래서 삶은 재창조되어야 한다.

나는 다양한 삶의 재창조를 목격했다.

기업 임원으로 수십 년간 일했던 사람이 은퇴 이후 예술을 배워 나름의 경지에 오른 경우, 노인이 되어 홀로 남은 사람이 책을 쓰고, 귀농을 해서 과일을 키우며 살아간다. 이처럼 이전과 다른 삶의 영역을 찾고, 해 보지 않았던 일을 하는 경우는 드물지 않다.

부모님의 뜻대로 서울대학교 인문대학에 진학했지만 엔터테인먼트 계에서 우리나라 최고의 보이밴드를 만든 사람도 있다.

삶은 고정되어 있지 않다.

선택이 삶을 만들고, 선택에 따라 삶은 새롭게 만들어진다.

늘 시간이 있고 수백 년을 살 수 있다면 선택의 여지가 많겠지만 그렇지 않은 것이 삶이기에 더욱 더 삶은 재창조되어야 하지 않을까?

물론, 당신의 가치, 이상과 재능, 상상력이 재창조를 만드는 에너지이다.

"오늘이 내 인생의 마지막 날이라면, 오늘 나는 내가 하려고 했던 일을 할 것인가?"

이 질문은 묻고 있다.

바로 현재에서 자신이 원하는 충실한 삶을 발견하고 살라고 묻는다.

오늘날의 시대를 'BIG ME' 라고 말하는 학자들이 있다. 개인의 자유, 개인의 이상이 가장 중요한 시대라는 뜻이다.

그런데, 이런 시대에도 나의 열망을 찾지 못하는 사람들이 많다. 왜 그런 것일까?

분명히 신분과 계층, 사회적 관습이 개인을 가로막는 시대는 지나갔는데 말이다.

BIG ME 시대에서 오히려 많은 사람(아마 당신도 그럴지 모르겠다)이 small me를 느끼고 있다.

내 생각으로는 부와 명예, 권력, 인기 등 외부에 존재하는 소유의 대상과 진실한 나의 이상 간의 차이 때문이 아닐까 생각한다.

얻어야 하고 누려야 하는 것은 욕망의 대상이지만 그 자체로
는 불평등한 것이다. 그리고 그것이 많다고 해서 만족감이 커지
는 것도 아니다.

또한 얻게 되더라도 더욱 많은 것을 가진 사람과 늘 비교되는
물질적 대상이다.

이 세상에 나보다 부자이고 힘센 사람은 늘 있는 것이지 않
은가?

이들이 진정한 삶의 이상에 다다랐다는 상징이 될 수 없는 이
유이다.

삶의 이상은 내가 능력으로 얻어 낸 부나 명예나 지위로 증명
되는 것이 아니다.

만일 그렇다면 소크라테스, 반 고흐, 마틴 루터 킹은 삶의 이
상을 달성하지 못한 실패자여야 한다.

그러나 이들이 그런 사람이라고 볼 수 있을까?

그 누구보다 자신의 이성과 상상력, 감성을 최고조로 발휘한
사람들이 바로 이 사람들이다. 그래서 잊히지 않고 오늘날까지
감동을 준다. 삶을 최선의 경지에서 멋지게 산 사람들이다.

"오늘이 내 인생의 마지막 날이라면, 오늘 나는 내가 하려고
했던 일을 할 것인가?"

이 질문을 받은 일은 내게 기쁜 경험이었다.

이 질문을 받고 나서 나는 불과 몇 년 앞의 미래만 보고 달려왔다는 사실을 깨달았고,

언젠가는 나의 생을 마쳐야 한다는 사실을 깨닫고는(이것이 피할 수 없는 사실이라는 것을) 내 삶의 전 과정을 생각했다.

두려움도 느껴졌지만 그렇게 크지는 않았다. 유한함은 모든 인간에게 적용되는 삶의 조건이기 때문이다. 이 점에서 삶은 평등하다.

그리고 내게 자유가 있다는 사실을 다시 발견했다.

언제든 나의 삶은 재창조 될 수 있다.

문제는 내가 무엇을 꿈꾸는가? 나의 상상은 어떤 것일까? 이다.

"오늘이 내 인생의 마지막 날이라면, 오늘 나는 내가 하려고 했던 일을 할 것인가?"

이 질문은 자신이 가장 원하는 삶의 이상을 찾고 미루지 않고 그것을 실현하기 위해 행동하는가를 묻는다.

이 질문에 대한 답은 오직 당신만이 할 수 있다.

마음 속 깊은 곳에서 당신의 목소리를 들어 보라.

당신 자신을 새롭게 보라.

2

여행자

나에 대한 이해

자신이 누구인가를 처음부터 아는 사람은 없다.
그리고 자신을 제대로 이야기 해 줄 다른 사람도 없다.
삶의 여정에서 항상 함께 하는 유일한 사람이 있다.
바로 나 자신이다.
어떤 말을 하고, 어떤 욕망이 있으며, 어떤 행동을 했는가를
그리고 어떤 경험을 했는가를 아는 사람은 오직 나 자신이다.
나는 어떤 사람인가?
삶에서 무엇을 추구하고, 무엇을 얻기를 갈망하는가?
또한 어떤 사람이기를 원하는가?
당신 마음 속 공명정대한 관객의 목소리를 들어보라.
삶이란 결국 나의 삶이다.
나를 사랑하는 것이 곧 나의 삶을 사랑으로 채우는 것이다.
먼저 나를 찾는 것이 시작점이다.

07

나는 나를 어떤 사람이라고 생각하는가?

우리는 자신이 어떤 사람인가를 늘 궁금해 한다.

이 궁금증에는 두 가지 종류가 있다.

하나는 타인이 나에 대해 생각하는 내용이다.

타인의 생각이 궁금한 이유는 호감, 인정, 관계에 대한 관심 때문이다.

또한 타인이 나를 소중한 사람으로 생각하기를 기대하기 때문이다.

다른 하나는 내가 자신에 대해 생각하는 내용이다.

이 생각이 궁금한 이유는 나의 정체성과 관계가 있다.

그래서 "나는 나를 어떤 사람이라고 생각하는가?"를 질문하

2. 여행자 - 나에 대한 이해 **57**

게 된다.

이 질문에 대해 다른 사람들이 했던 답변을 들어보자.

"나는 가장이야." "나는 전문가야." "나는 선생님이야." 또는 "나는 사랑스러운 친구야."

"나는 창의적인 사람이다," "나는 내성적인 사람이다." "나는 친절한 사람이다."

"나는 영혼이다." "나는 우주의 일부이다"라고 말한 사람도 있다.

우리는 내가 누구인가를 어떤 역할로 이해할 수도 있고, 성격이나 특성으로 규정할 수도 있다.

마지막 사람이 했던 말처럼 영적이고 실존적인 관점에서 정체성을 이해할 수도 있다.

어쨌든 '나는 어떤 사람인가' 라는 질문에 대한 답은 개인적이고 주관적이며, 자기 성찰과 자기 발견을 통해 자신의 답을 찾아야 하고, 이는 각자의 몫이다.

"나는 나를 어떤 사람이라고 생각하는가?"

이 질문은 그 어떤 질문보다도 정직한 답변을 요구한다.

그 누구도 자기 자신을 속일 수는 없기 때문이다.

스스로 거짓말을 하면서 자기 자신에 대한 생각을 만들 수는 없지 않은가?

그런데, 이 질문에 대해 제대로 답하기는 쉽지 않다.

내 경험을 들려주겠다.

청년시절을 보내던 어느 날, 친한 선배가 내게 이 질문을 했고 나는 명확하게 답변하지 못했다.

내가 되고 싶은 사람에 대한 생각과 내가 어떤 사람이라는 생각이 동시에 떠올랐기 때문이다.

나는 "따뜻하고 정다운 사람, 능력 있는 사람, 중요한 성취를 해 낸 사람"이라고 말하고 싶었다. 그렇지만 대답하지 못했다.

당시에 나는 내 자신이 능력이나 성취 면에서 많이 부족했다고 생각했다.

내가 되고 싶은 나를 말하고 싶었지만, 내가 인식하는 나와의 차이를 느끼고는 그런 나를 제대로 말하지 못했다.

살아가면서 나는 이 질문을 여러 번 자문했다. 이제 이 질문이 담고 있는 의미를 깨달았다.

이 질문은 내가 삶에서 추구하는 의미와 가치, 목적을 묻는 질문이다.

그리고 나에 대해 자부심을 느끼는 삶을 살고 있는가를 묻는 질문이다.

의미와 가치대로 그리고 목적 있는 삶을 산다면, 그 삶은 나를 실현하는 삶이고, 내게 충만하고 자부심을 느끼는 삶일 것이다.

자부심은 내가 생각하는 나를 삶에서 실현하고 있을 때 느낄 수 있는 감정이다.

또한 스스로를 사랑하고 존중할 때만 느낄 수 있는 감정이다.

그래서 자부심이 없거나 부족한 삶은 힘든 삶이다.

자신이 열등하거나 떳떳하지 못하다고 느끼는 삶이 자신에게 행복하기란 어렵기 때문이다.

우리는 자부심을 느끼는 삶을 추구해야 한다.

우리 모두는 언제나 자신과 함께 살아가기 때문이다.

이 질문에 뚜렷한 답이 떠오르지 않는다면 다음 질문을 생각해 보기 바란다.

'내가 어떤 사람인가'를 말해 주는 것은 무엇일까?

그것도 부분이 아니라 나를 전체로 온전하게 말해 줄 수 있는 것 말이다.

나를 말해 주는 것은 내가 가진 부와 명예, 권력일까?

나를 말해 주는 것은 나의 특별한 성격일까?

나를 말해 주는 것은 내가 만나고 관계하는 사람들일까?

이들 모두는 내게 중요한 가치를 말해 줄 수도 있고, 의미를 담은 것일 수도 있지만, 온전하게 나를 말해 주지는 못한다.

나를 온전하게 말해 주는 것은 내가 삶에서 포기하지 못하는 의미와 가치다.

의미와 가치는 삶 전체를 통해 선택하고 경험하고 실현하는 것이기 때문이다.

그러니 당신은 당신이 진실로 믿는 삶의 의미와 가치를 고민해야 한다.

한편으로 이 질문을 받고 마음이 불편할 수도 있다.

이런 불편함은 어디서 올까?

나도 경험했지만 '되고 싶은 나'와 '현재의 나' 사이에 있는 차이를 인식하기 때문이다.

이런 마음의 불편함은 잘못된 것이 아니다.

'당신이 되고 싶은 사람'과 당신이 '현재 생각하는 당신'은 차이가 있을 수 있다.

몇 가지 목표에 도전했으나 자주 실패하는 나. 게으름 때문이기도 하고 열악한 환경 때문이기도 하고.

부와 명예를 갖고 싶지만 열악한 환경에 적응하느라 힘겨운 나.

뛰어난 학자가 되고 싶지만 이를 위해 필요한 변화와 도전에 망설이는 나.

조직에서 높은 성과를 올리고 주목받는 사람이고 싶지만, 평범한 성과를 내는 평균적인 사람으로 일하고 있는 나.

가족을 사랑하고 배려하는 사람이고 싶지만, 일에 지쳐 가족과 충분한 시간을 갖지 못하는 나.

이런 자신에 대한 인지부조화는 불편하다.

이 불편함은 내가 중시하는 삶의 의미와 가치대로 온전하게

살고 있지 않은 자신을 인식한 결과이다,

그러나 이런 불편함에 실망할 필요는 없다.
불편함은 자신과 삶에 자신이 부여한 기대가 있기 때문에 생기는 자연스러운 감정이다.
그러니 되고 싶은 나를 깊게 성찰하고 필요한 변화와 행동을 결심하면 된다.

그 누구도 스스로 삶의 의미와 가치와 목적을 묻지 않는다면 결코 '어떤 사람이 되고 싶은가'를 알 수 없다.
자신과 삶을 향해 의미와 가치를 묻지 않는 사람은, 대부분 주어진 대로, 남들이 말하는 대로, 순간순간 욕망을 느끼는 대로 삶을 살아가게 된다.
당신의 삶이 남들이 주입한 삶의 방식에 반응한 결과라면, 그것은 결코 당신의 삶이라고 말할 수 없다.
또한 그때그때 하고 싶다고 느끼는 대로 삶을 선택하고 살아간다면, 내가 삶에서 소중하게 여길 수 있는 가치와 의미를 발견하지 못하게 되고 자부심을 느끼는 삶을 살아가기는 어렵다.

우리 모두는 고유하고 개별적인 존재다.
당신과 같은 사람은 세상에 없다.
이전에도 없었고 앞으로도 없을 것이다.
같은 이치로 당신의 삶은 그것이 어떤 색깔과 형태로 구성되어가든 온전히 당신의 삶이다.

그리고 나와 나의 삶은 분리되지 않는다. 사실 분리될 수가 없다.

나는 내가 사는 삶 속에서 비로소 '나'로 존재하기 때문이다.

결국, '나는 어떤 사람인가'에 대한 답은 '내가 어떤 사람으로 살아가는가?'를 통해 발견되고 정해진다.

그래서 '내가 생각하는 나'는 '내가 원하는 삶' 속에서 비로소 실체가 된다.

원하는 삶을 발견하고, 그런 삶에 가까이 다가가면서 우리는 나답게 살아가는 것이다.

"나는 나를 어떤 사람이라 생각하는가?"

이 질문은 자신이 어떤 사람인가를 알고 있는가를, 자부심을 느끼는 삶을 살고 있는가를 질문한다.

그리고 삶의 가치와 의미와 목적이 무엇인가를, 그리고 그것대로 살고 있는가를 질문한다.

그리고 그런 삶을 살기 위해서 어떻게 나를 변화시킬 것인가를 질문한다.

이 질문에 대한 답은 오직 당신만이 할 수 있다.

마음 속 깊은 곳에서 당신의 목소리를 들어 보라.

당신 자신을 새롭게 보라.

08

나의 강점은 무엇인가?

다윗이 골리앗을 이긴 진정한 이유는 무엇일까?

지금으로부터 3천 년 전에 중동지역에서 대단한 전투가 있었다.

이스라엘과 팔레스타인 블레셋이 전쟁 중이었는데 두 명의 대표선수가 붙었다.

골리앗(팔레스타인 블레셋 출신): 신장 2m 93cm, 몸을 두른 갑옷의 무게는 57kg, 놋 단창의 창날만 7kg.

다윗(이스라엘 출신): 십대 양치기 소년

골리앗: 우월한 신체조건, 청동 갑옷, 칼과 창 / 갑옷을 입지 않은 얼굴 / 낮은 기동력

다윗: 허약한 신체 / 돌팔매질 기술 보유 /높은 기동력

다윗이 골리앗을 이긴 결정적 순간은 이렇다: 다윗이 골리앗의 급소(두 눈 사이) 에 물매돌로 정통으로 타격을 가했다. (성서, 사무엘상)

다윗은 평소에 양을 치면서 물매돌을 던지는 데는 프로급 선수였다. 즉 다윗은 자신의 강점을 극대화하여 골리앗을 이긴 것이다.

cf. 물매: 물매(sling)는 애들이 가지고 노는 새총(slingshot)이 아니다. 대단히 위협적인 무기다. 고대에는 물매로 싸우는 물매병이 있었다.

"나의 강점은 무엇인가"

이 질문은 당신 안에 있는 탁월성의 원천을 묻는 질문이다.

당신의 재능, 배움과 경험을 통해 얻은 능력, 무엇인가를 창조할 수 있는 힘을 묻는다.

"나의 강점은 무엇인가", 이 질문은 세 가지 의미를 담고 있다.

첫 번째 의미는 인간의 의미 있는 성취는 오직 강점으로만 가능하다는 것이다.

우리가 무엇인가를 성취하려면 시간, 자원, 노력이 필요하다.

여기서 '노력'은 '인간의 행동'을 말한다. 노력이라는 말을 쓴 이유는 특정한 목표를 지향하는 행동이라는 뜻을 명확하게 하기

위해서이다.

그런데 인간이 이룩하는 모든 성취는 동일하지 않다.

성취는 탁월한 성취, 평범한 성취, 그리고 성취라고 할 수 없는 것으로 나눌 수 있다.

성취에는 수준이 있다는 말이다.

이렇게 성취의 수준을 나누는 결정적 요소는 무엇일까? 바로 현명한 노력이다.

나는 탁월한 성취를 실현하는 노력을 현명한 노력이라고 부른다.

현명한 노력이란 목표를 실현하는 효과적 행동을 꾸준하게 지속하는 노력을 말한다.

인간의 성취에서 시간과 자원도 중요한 요소지만 이 둘은 어느 정도 갖출 수 있는 것들이다.

그런데 현명한 노력은 반드시 필요한 요소면서 다른 요소인 시간과 자원을 비로소 가치 있게 만드는 유일한 요소이다.

시간이 많아도, 자원이 많아도 현명한 노력이 없다면 탁월한 성취를 얻을 수는 없다.

현명한 노력을 만드는 원천이 바로 강점이다.

다른 말로 하면 강점을 바탕으로 행동하고 일하는 것이 현명한 노력이다.

강점은 어떤 일을 특별하게 잘 할 수 있도록 하는 것으로서 사람이 가진 총체적인 자질을 말한다.

인류 역사를 이끌어 온 놀라운 발견과 발명을 생각해 보자.

모두 자신의 강점을 최대로 활용한 사람들의 공헌이 있었다.

물리학의 혁명을 이끈 아인슈타인(Albert Einstein, 1879~1955년)은 상상력과 구상력의 대가였다.

그가 일하던 당시, 과학자들은 빛의 반사 실험에서 기존의 파동이론으로 설명되지 않는 현상을 오랜 기간 고민했다. 빛이 에너지 다발처럼 각각 떨어져서 움직이는 현상인데, 위대한 물리학자로 평가 받는 막스 플랑크(Max Karl, 1858~1947)는 특정 상황에서 나타난 특정 반응으로 이를 해석했다. 아인슈타인은 빛이 실제로 에너지 다발(양자에너지)이라는 결론을 내리고, 빛의 이런 반응은 변칙이 아니라 기본 성질이라고 주장했다. 아인슈타인은 뉴턴물리학을 바꾼 상대성이론을 정립했다.

현재 세계 최고의 기업 중 하나인 애플을 창업하고 성장시킨 스티브 잡스는 실용과 혁신을 결합한 미적 감각의 대가였다. 그의 리더십을 통해 애플은 최초의 개인용 컴퓨터 애플, 아이팟, 아이패드, 아이폰을 만들었다. 이들 모두가 다른 제품이지만 한 가지 공통점은 아름다움과 기술을 결합한다는 콘셉트와 디자인으로 평가 받는다.

강점은 탁월한 결과를 만드는 힘이고, 천재성은 이 강점이 최고의 수준에서 발휘된 것이다.

두 번째 의미는 누구나 자신의 강점을 스스로 찾아야 한다는 것이다.

한 사람의 강점을 꼭 자신만이 발견할 수 있는 것은 아니다.

부모나 스승, 혹은 선배가 먼저 그 씨앗을 발견할 수도 있다.

그런데 강점은 자신이 이를 인식하고 받아들일 때 비로소 자신의 강점이 된다.

자신이 강점을 인식하지 못한다면, 그 강점을 통해 평범함을 넘는 결과를 얻기 위해 행동할 수 있겠는가? 동기도 없고 방향을 찾기도 어려울 것이다.

강점을 통해 탁월한 결과를 얻으려고 노력하는 사람은 자신이다.

최선의 노력을 하겠다는 동기를 정하는 사람도 자신이다.

스스로 강점을 찾아야 하는 이유이다.

세 번째 의미는, 강점을 갈고 닦아 더욱 탁월한 성취를 꿈꾸라는 것이다.

아레테(arete)라는 말이 있다. 고대 그리스 말인데 '탁월함' 또는 '덕'이라는 뜻이다.

이 아레테를 누구보다 분명하게 말한 사람이 아리스토텔레스이다.

아리스토텔레스는 사람마다 타고난 탁월함이 있다고 생각했다.

구두수선공의 arete, 교사의 arete, 의사의 arete, 기업가의 arete······.

그는 인간의 행복은 자신만의 고유한 아레테(탁월함)를 충분히 실현하는 삶에 있다고 주장하기도 했다.

자신의 탁월함을 충분하게 실현하는 것, 그것이 행복이고, 인간에게 최고의 가치가 있는 미덕이라는 것이다.

나는 이 말에 전적으로 동의한다.

모든 인간에게는 자신만의 탁월함을 얻을 수 있는 잠재력이 있다.

그리고 탁월함을 실현할 때 인간 삶의 궁극적 목적인 행복함에 다가 설 수 있기 때문이다.

인간의 행복에 대해서는 다양한 정의와 주장이 있다.

그런데 모든 주장들에서 공통적인 한 가지는 행복은 그 자체가 최종적인 목적으로 어떤 것을 위한 수단이 아니라는 점이다.

행복이란 '더 할 나위 없이 좋은 상태'를 뜻하니까 말이다.

행복은 자신이 가장 소중하게 여기는 결과를 달성하고 경험하는 것이다.

내가 꿈꾸고 바라는 삶이 실현되는 것이다.

그래서 탁월함은 행복한 삶을 위한 필수 연료이자 실체이다.

강점은 탁월함을 만드는 힘이고, 보다 큰 강점은 보다 높은 탁월함을 성취할 수 있다.

또한 강점은 고정적인 것이 아니다. 언제든지 향상되고 계발될 수 있다.

인간은 성장하는 존재이기 때문이다.

당신 자신을 돌이켜 보라.

새로운 지식을 얻고, 방법을 배우고, 현재의 당신으로 성장하지 않았는가?

우리는 지식과 경험을 통해 더욱 높은 수준으로 향상될 수 있으며, 향상된 강점은 더욱 탁월한 성취를 얻는 원천이자 에너지가 된다.

그래서 강점을 계발하는 일은 우리 삶에 꼭 필요한 태도이고 행동이다.

"나의 강점은 무엇인가?"

이 질문은 묻고 있다.

당신의 강점을 발견하고, 소중히 가꾸고, 탁월함을 추구하는 삶을 살고 있는가를 묻는다.

20세기 경영을 만든 최고의 사상가로 인정받는 피티 드러커 (Peter Drucker, 1909~2005)는 39권의 책을 저술했다.

첫 번째 책은 그가 30세에 저술한 책으로 정치를 분석한 책이었고, 이후 정치, 경제, 경영, 사회, 문화, 예술 등 다양한 범주에서 깊이 있는 통찰을 담은 책들을 저술했다.

또한 드러커는 사라 로렌스라는 미국의 작은 여자대학 시간강사로 가르치는 일을 시작한 이후로 50여년 이상 대학교에서 교수로 일했고, 기업을 비롯해 정부기관, 비영리단체 등 수많은 기관들에게 컨설팅을 했다.

드러커는 글을 쓰는 사람, 가르치는 사람, 조언해 주는 사람으로 살았다.

이런 생애는 범상치 않은 삶이고 단지 성실함만으로 설명하기는 어렵다.

여러 가지로 그의 삶을 설명할 수 있지만, 무엇보다도 그가 강점을 통해 삶을 살아간 사람이었다는 점을 빼놓기 어렵다.

그는 자신의 강점을 분명하게 이해하고, 평생을 통해 강점을 계발한 사람이다.

그리고 강점으로 일하고, 탁월한 성취를 추구하라고 여러 번 사람들에게 조언했다.

드러커의 강점은 관찰자로서의 통찰력이다.

관찰자는 다른 누구보다도 무엇이 일어났는가를, 일어난 일과 상황의 의미와 영향을 파악하는 사람이다.

- 보는 능력: 세계 내 다양한 현상 이면의 요소, 관계를 이해하고 영향을 파악할 수 있는 통찰력
- 생각하는 능력: 역사적 사례, 현재 상황에 대한 분석, 이들이 미치는 미래의 흐름을 상상하는 지적능력
- 표현력: 자신이 발견한 것을 정리하고 이면의 의미를 글로 쓸 수 있는 문장력

드러커는 넓고 깊게 세계와 변화를 이해하고, 다른 사람들을 가르치면서 자신의 발견과 아이디어를 정리하고, 그것을 저술로 집대성했다.

39권의 책과 수십 년의 강의와 컨설팅은 그래서 가능했던 것이다.

드러커는 3년마다 새로운 주제를 선택하고 집중적으로 공부했다. 지식근로자의 등장, 지식사회로의 전환 등 누구보다 앞서서 사회 변화를 예리하고 깊이 있게 분석하고 예측했던 드러커의 통찰력은 이렇게 분야를 넘나드는 지식을 익히고 종합했던 노력이 바탕에 있다.

드러커는 강점을 계발하는데 최선을 다했고, 최선의 지적 작업을 평생을 걸쳐 수행했다.

당신의 강점을 찾아라.
그리고 그 강점을 갈고 닦아라.

강점을 향상하는 일은 당신이 자신에게 줄 수 있는 가장 큰 선물이다.

"인생은 한 권의 책과 같다. 어리석은 이는 그것을 마구 넘겨 버리지만, 현명한 이는 열심히 읽는다. 인생은 단 한 번만 읽을 수 있다는 것을 알기 때문이다."

독일 산문 수준을 한 단계 올려놓았으며 괴테에 비견되는 작가로 평가받는 독일의 소설가 장 파울(Jean Paul, 1763~1825)이 한 말이다.

강점은 당신이 원하는 인생을 펼칠 수 있도록 돕는 당신에게 허락된 고유의 자산이다.

"나의 강점은 무엇인가?

이 질문은 당신이 꿈을 이루기 위해 반드시 해야 하는 질문이다.

이 지구에서 당신의 발자취를 남기는 위대한 성취로 가는 첫 번째 질문이기도 하다.

이 질문에 대한 답은 오직 당신만이 할 수 있다.

마음 속 깊은 곳에서 당신의 목소리를 들어 보라.

당신 자신을 새롭게 보라.

09

나의 가치관이나 신념은 어디로부터 온 것일까?

우리 마음 속 생각은 처음부터 우리의 생각이었을까?

"나의 가치관이나 신념은 어디로부터 온 것일까?"

이 질문은 당신의 가치관이나 신념이 얼마나 진실한 것인가를 묻고 있다.

사랑, 행복, 부, 명예, 예의, 공정, 배려, 자유, 독립, 순종, 지위, 권력, 봉사, 구원……

우리는 모두 삶에서 무엇이 중요하고 무엇이 추구할 가치가 있는가에 대해 믿음이 있다.

또한 내가 어떠한 사람이며, 사람을 어떻게 대하며, 바람직한 행동이 어떤 것인가에 대한 믿음이 있다.

당신이 '부유함'을 매우 중시하는 사람이라고 생각해 보자.

왜 당신은 이런 가치관을 가지게 된 것일까?

가정형편이 어려운 집에서 태어나서 궁핍했던 어린 시절을 보냈기 때문일 수도 있겠고

부유하게 사는 사람들이 살아가는 모습을 보면서 그런 삶이 좋은 삶이라고 생각했을 수도 있다.

혹은 당신이 존경하는 어떤 사람에게서 많이 소유할수록 행복한 삶이라는 말을 들었기 때문일지도 모르겠다.

그 어떤 사람도 처음부터 가치관을 갖고 태어날 수는 없다.

우리 모두는 다른 사람에게서 배우고 경험을 통해 배우면서 자신의 생각을 만들어 간다.

누구를 만나고 어떤 경험을 해 왔는가가 처음으로 가치관이나 신념을 가질 때 영향을 미친다는 뜻이다.

종교를 믿는 사람 중에서는 태어나면서부터 종교를 접하고 믿게 된 사람이 많다.

여기서 나는 종교가 의미가 없다거나 믿음을 가진 사람들을 비하하는 것이 아니다.

우리가 믿는 많은 신념들이 문화 속에서 학습된다는 사실을 말하는 것이다.

그런데 진정한 가치관이라면 진실로 내가 믿을 수 있는가라는 의문을 거친 것이어야 한다.

수천도의 열 속에서 단련되는 강철은 아니더라도, 최소한 진지한 의문이라는 시험대를 거쳐야 한다.

만일 그렇지 않다면 내가 믿는다고 생각하는 신념은 다만 학습된 것일 뿐이다.

또한 자신의 생각을 통해 자신이 믿기로 한 것을 선택할 때, 정신은 비로소 성숙한다.

그리고 한 사람의 개인으로 자유로운 삶을 꾸릴 수 있다.

지금 당신의 마음속에 있는, 삶을 이끌고 행동을 이끄는 가치관을 들여다보라.

당신은 그 생각을 어떻게 하게 되었는가? 왜 그 생각을 믿게 되었는가?

우리가 살아가면서 또 일하면서 어떤 가치관도 없이 살아가고 일할 수는 없다.

그것은 목적 없는 삶이고 삶에서 이루고 싶고 경험하고 싶은 의미를 생략한 삶이다.

다만 문제는 어떻게 믿음과 가치관을 가지게 되었는가에 있다.

어떤 가치관은 당신이 큰 고민 없이 받아들인 것일 수도 있다.

아랍세계에서 태어난 사람은 이슬람교 신도가 될 가능성이 많고, 미국에서 태어난 사람은 기독교를 믿게 될 가능성이 높다.

일본의 아이들은 대체로 타인에게 공손하고 행동을 조심스럽게 한다. 어린 시절부터 그렇게 배웠기 때문이다.

우리의 생각은 타인과 문화의 영향 속에서 처음으로 형성된다.

이것은 모든 인간에게 주어진 삶의 조건이다.

그러나 언젠가는 자신의 머리로 고민하고, 회의하고, 이 과정을 통해서 나의 생각을 하는 시기를 가져야 하며, 이럴 때 비로소 한 사람의 개인으로 독립하게 된다.

링컨이 '미국의 아들'로 존경한 철학자 랄프 왈도 에머슨(Ralph Waldo Emerson, 1803~1882)은 1841년 출간된 『자기 신뢰(Self-Reliance)』라는 책에서 이렇게 말했다.

"당신 자신의 생각을 믿는 것, 당신 자신의 마음속에서 진실이라고 믿는 것은 곧 다른 모든 사람에게도 진실이다. 이것이 재능이다."

그의 말처럼 고민과 방황을 거친 것이야 말로, 비로소 내가 믿는 신념이 된다. 그리고 진정한 신념을 소유한 자유로운 사람으로 독립적 존재가 된다.

"나의 가치관이나 신념은 어디로부터 온 것일까?"

이 질문은 당신이 정신적으로 성숙하기 위해 반드시 물어야 하는 질문이다.

그리고 삶을 이끄는 가치를 찾기 위해 물어야 하는 질문이다.

이 질문에 대한 답은 오직 당신만이 할 수 있다.

마음 속 깊은 곳에서 당신의 목소리를 들어 보라.

당신 자신을 새롭게 보라.

10

나는 평범한 사람인가? 탁월한 사람인가?
나를 그렇게 생각하는 이유는 무엇일까?

사람들을 인종이나 성별이 아니라 탁월함을 기준으로 구분한다면, 탁월한 사람, 평범한 사람, 미천한 사람으로 구분 할 수 있다.

모든 인간은 평등한 존재라고 당신이 생각하고 있다면, 다소 불쾌할 수도 있겠지만 좀 더 생각해 보자.

탁월함은 탁월한 성취를 말한다.

탁월한 성취란 많은 사람들의 삶을 향상시키는 업적을 말한다.

탁월한 사람이란 이런 탁월한 성취를 달성한 사람이다.

수많은 아픈 사람들을 치료하는 약, 엄청난 감동을 주는 음악과 그림, 가사노동에서 여성들을 자유롭게 해준 가전제품, 이동의 장벽을 없앤 자동차와 운송수단, 자연과 세계에 대한 이해를 높이고 관점을 바꾼 지식, 소수의 사람들이 다수를 지배하는 전제정치를 극복한 민주주의를 실현한 사람들…….

우리가 살아가는 세상은 탁월한 사람들의 공헌이 있었기에 발전한 것이다.

우리는 다른 사람보다 더 뛰어난 사람이 있다는 사실을 받아들여야 한다.

실제로 다른 사람보다 더 현명하고 창조적이며 진취적이고 해결능력이 뛰어난 사람들이 있다.

이는 평범한 사람들이 한 일과 기여를 무시하는 말이 아니다.

평범한 기여도 기여로서 가치가 있다.

그럼에도 탁월한 사람들의 공헌이 없다면 인류가 사는 삶의 향상은 지체 되었을 것이다.

당신은 자신을 어떤 사람이라고 생각하는가?

그다지 뛰어나지 않고 평범하다고 생각하는가?

그렇게 생각한다고 해서 자신을 자책할 필요는 없다.

인간마다 능력에는 차이가 있다.

또한, 당신이 생각하기에 자신의 능력이나 기여가 평범하다고 해서 그것이 당신이 인간으로서 가치가 없거나 적다는 근거가 될 수는 없다.

인간으로서 우리 모두는 원하는 삶을 살아가고 존중 받을 자격이 있기 때문이다.

중요한 것은 스스로를 어떠한 존재로 인식하는가에 따라 삶이 달라질 수 있다는 점이다.

당신이 스스로를 평범하다고 생각한다면 그 이유와 근거를 깊게 생각해보라.

"내가 다른 사람보다 특별이 뛰어난 점은 없어. 공부를 잘하지도 못했고, 평범한 대학을 졸업해서 평범한 직장에 다니고 있는데."

"요즘 잘 나가는 사람들은 모두 시대를 앞서가는 안목과 기술이 있는 사람들이야. 4차 산업혁명이 온다고 하는데 나는 준비도 못했고, 지금 있는 곳에서 일하기도 바빠."

"내가 뛰어나다고 말해 주는 사람은 한 사람도 없었어. 친구들 속에서도 나는 그렇게 튀는 사람도 아니었고."

이렇게 이유를 대는 사람들도 있다.

그런데 이유를 넘어 근거를 생각해 보자.

이유는 논리적인 판단이고 근거는 객관적인 판단이다.

즉 근거는 실제 현실에서 드러난 것으로 누구나 알 수 있는 증거를 말한다.

당신이 평범하다는 근거는 무엇인가?

집안 배경, 출신 배경, 신체적 특징, 교육 경력, 보유한 지식과 기술······.

이 중에 당신이 근거로 생각하는 것이 있으면 깊게 생각해 보라.

이들이 과연 근거로서 합당한 근거들인가를 말이다.

나는 신체적 장애와 지식과 기술 외에는 근거로 생각하지 않는다.

자신에게 주어진 조건(집안배경, 출신배경)은 탁월한 성취를 하는 데 분명 영향을 미친다.

그러나 절대적으로 영향을 미치는 것은 아니다.

불우한 환경에서 자랐지만 자신이 원하는 삶을 살고, 탁월한 업적을 달성한 사람들은 많다.

루스 시몬스(Ruth Simmons, 1945~)는 '빈민', '여성', '흑인'이라는 역경을 딛고 미국 아이비리그 대학의 첫 흑인 여성총장이 된 인물이다. 그녀는 텍사스 주 그레이플 랜드의 소작농 가정에서 태어나고 자랐다. 빈곤 속에서 성장했고 흑인이자 여성에 대한 차별을 겪었지만 학문적으로 탁월한 성취를 지속했고 뉴올레앙에 있는 흑인 대학인 딜리아드(Dillard University)에서 장학생으로 공부했다. 그리고 하버드 대학(Harvard University)에서 문학박사 학위를 받았다. 시몬스는 2001년부터 2012년까지 브라운 대학

(Brown University)의 총장을 역임하면서 아이비리그 대학, 첫 흑인 총장으로 재직했다.

탁월함의 본질은 탁월한 성취의 바탕에 있는 지식과 기술 이다.

이런 지식과 기술을 획득하는 것은 어떻게 가능할까?

결국 스스로의 동기와 노력에 달려 있다.

좋은 사회적 조건(부유한 집안, 교육 기회, 여러 후원자 등)을 일찍 부터 얻은 사람이라고 해도 본인 스스로의 동기와 노력, 역량이 없다면 결코 탁월함을 얻을 수 없다.

그 반대도 진실이다.

탁월함은 탁월함을 추구하겠다는 의지와 행동에 달려 있다.

그리고 모든 분야에서 탁월함을 성취할 수 있는 만능천재는 없다는 사실을 기억할 필요가 있다. 극히 소수만 있는 천재라고 해도 기껏 몇몇 분야에서만 뛰어날 뿐이다.

탁월함은 특정한 분야에서 평범함을 벗어나겠다는 의지와 꾸 준하고 집중된 노력에 달려 있다는 사실을 말해 준다.

렌즈로 햇빛을 모아 불을 피우려는 소년에게는 이런 동기와 행동이 있다.

탁월한 성취는 이런 행동이 반복되고 지속될 때 가능해진다.

당신이 스스로를 평범하다고 생각하고, 지금까지 눈에 띄지

않는 평범한 업적만을 달성했다면

왜 그랬는가를 생각해 보라.

먼저 평범함을 선택했기 때문이 아닐까?

자기 자신에게서 최선을 끌어내려는 의지와 노력이 부족했기 때문이 아닐까? '

곧 자신의 의지대로 자신을 규율하는 노력을 하지 못했기 때문이 아닐까?

르네상스시대 천재화가로 불린 레오나르도 다빈치(Leonardo da Vinci, 1452~1519)는 "당신은 결코 당신 자신에 대한 지배력보다 크거나 작은 지배력을 갖지 못할 것이다… 한 사람의 성공의 높이는 그의 자기 숙련(self mastery)에 의해 측정된다. 그리고 이 법칙은 영원한 정의의 표현이다. 자신에 대한 지배력을 확립할 수 없는 사람은 다른 사람들에 대한 지배력을 갖지 못할 것이다."라고 말했다.

탁월함을 향해 자기를 규율하는 일의 의미를 아름답게 표현한 말이다.

우리 모두에게는 잠재력이 있다.

이 말은 사람마다 다르지만 적어도 어떤 분야에서 탁월함을 추구할 수 있는 기본 능력이 있다는 뜻이다.

이 잠재력을 어떤 수준까지 발휘하고 일과 삶에서 실현하는가는 당신이 가진 동기와 선택에 달려 있다.

결국 당신은 탁월한 삶을 추구하는 방식과 평범한 삶을 추구하는 방식을 선택할 수 있다.

어쨌든 무엇이든 선택한다.

삶을 대하는 의식은 법칙으로 강제되는 것이 아니라 철저하게 개인의 선택이다.

그래서 무엇이 더욱 좋은 삶을 만드는 방식인가를 진지하게 고민하고 선택해야 한다.

탁월함을 선택하면 그런 방향으로 살아가게 되고, 평범함을 선택하면 또 그렇게 살아가게 된다.

그렇다면 애써 평범해야 할 필요가 있을까?

탁월함을 선택하는 것이 탁월한 성취를 보장하지는 않는다.

어쩌면 당신의 정신과 지식과 기술로 만드는 것은 빛나지 않는 평범한 성취에 불과 할 수도 있다.

그러나 탁월함을 선택하면 자신에게 최선을 다하는 삶을 살아갈 것이고, 그 과정에서 그 누구도 할 수 없었던 가치 있는 무언가를 만들 수 있는 가능성을 만들게 된다.

또한 삶은 단 한 번 발명하고 끝나는 것이 아니라 몇 번이고 다시 발명할 수 있는 것이다.

살다보면 기대와 다르게 잘못된 방향으로 가기도 하고, 예상하지 못했던 어려움을 만나기도 한다.

그렇다면 다시 방향을 정하고 새롭게 시작하면 된다.

바로 발명자인 당신의 선택을 통해서 삶을 재발명하는 것이다.

『북회귀선』을 지은 소설가 헨리 밀러(Henry Miller, 1891~1980)의 말대로 새 비료를 뿌리기보다는 매일 조금씩 땅을 다져라.

나비는 자신의 날개를 펴고 날아오르기 전에는 애벌레 상태를 거쳐야 한다.

그 누구라도 애벌레를 보고 나비가 되리라고 판단할 수 있을까?

"나는 평범한 사람인가? 탁월한 사람인가? 나를 그렇게 생각하는 이유는 무엇일까?"

이 질문은 당신에게 어떤 삶의 방식을 추구하는가를 묻는 질문이다.

그리고 탁월함을 성취하는 삶의 방식을 선택하는가를 묻는 질문이다.

이 질문에 대한 답은 오직 당신만이 할 수 있다.

마음 속 깊은 곳에서 당신의 목소리를 들어 보라.

당신 자신을 새롭게 보라.

11

나에게 미래는 열려 있는 세계인가?
닫혀 있는 세계인가?

초등학교를 다니던 시절에 등교를 기다리던 날이 종종 있다.

어린이날이 그런 날이었다.

그날은 선물을 받고, 사랑받는다는 느낌을, 내가 주인공이라는 즐거움을 느끼는 날이었다.

"오늘은 어린이날, 우리들 세상!"이라는 노래도 불렀다.

세상은 넓었고, 이해하지는 못했지만 많은 즐거움이 있을 것 같은 세상이었다.

"나에게 미래는 열려 있는 세계인가? 닫혀 있는 세계인가?"

이 질문은 당신이 미래를 가능성과 기회의 세계로 보는가를 묻는다.

그리고 미래에 대해 당신이 얼마나 열려 있는가를 질문한다.

미래에 대한 당신의 인식은 매우 중요하다.
미래관은 당신이 어떤 일을 하고 어디에서 살며, 무엇을 실현할 것인가를
또 그 목표를 위해 최선을 다할 것인가를 정하기 때문이다.
잠시 멈춰서 당신의 생각을 차분하게 들여다보라.

어떤 대답을 하든, 현재 당신이 생각하는 미래관은 당신의 경험을 반영한다.
20세기 초, 유럽에 살았던 많은 청년들에게 세계와 미래는 암흑에 가까웠다.
1918년 1차 세계대전이 일어났고, 1937년에는 2차 세계대전이 있었다.
20세기는 이들에게 전쟁과 불황, 전체주의와 폭력, 불안과 상실의 시기였다.

우리가 태어나고 성장하면서 겪는 경험은 미래에 대한 우리의 생각에 깊은 영향을 미친다.
만일 당신이 미래가 닫혀 있다고 생각한다면, 아마도 당신은 풍요보다는 부족한 환경에서 기회가 적은 삶을 살아왔을 것이다.
많은 기대를 가졌지만 높은 현실의 벽을 만났을 수도 있고, 도

움이 필요할 때 도와 줄 사람이 적었을 수도 있다.

그렇게 세계를 경험할 수도 있다. 일단 이 사실은 인정하자.

다음은 앞으로 당신이 살아 갈 세계도 과연 그럴 것인가라는 의문을 제기해 보라.

닫혀 있는 미래라는 생각이 당신이 생각하는 삶의 가능성을 제한하는 것은 아닐까?

미래는 우리의 선택에 따라 달라지고 변하기 때문이다.

20세기 초에 청년기를 보냈던 모든 사람들이 같은 삶을 살지는 않았다.

미래에 좌절해서 삶의 목표 없이 방황했던 사람도 있고, 전체주의에 항거한 사람도 있었다.

불가피하게 고국을 떠나 다른 나라에서 삶을 다시 시작한 사람도 있고,

어려운 사람을 위해 학교를 세우고, 고아들을 돌본 사람도 있다.

이들은 각자 자신이 선택하고 살아갈 삶의 지향점과 목표를 다르게 세웠다.

삶의 지향점은 미래에 대한 당신의 생각에 달려 있다.

그리고 미래를 가능성과 기회의 세계로 바라보는가는 판단이 아니라 관점이다.

반드시 그렇게 되리라는 사실 판단이 아니라, 열려진 가능성의 세계로 바라보고

그 속에서 삶의 이정표와 목적지를 세우는 태도이다.

그런데 바로 이 삶의 태도가 결국 삶의 경로를 정하고 삶에서 실현하는 것을 정하게 된다.

자신이 원하는 삶을 실현하는 것을 성공이라고 정의한다면,

삶의 조건이 가혹했던 시대, 시기에도 성공하는 사람들은 있었다.

그런 사람들은 자신의 삶이 외부 상황에 의해 좌우되는 것을 허락하지 않았다.

이 사람들은 시도하고 좌절하지만, 다시 일어나 스스로 원하는 것을 만들기 위해 행동한 사람들이다.

그들은 자신이 누릴 삶의 미래를 스스로 만들기 위해 노력한 것이다.

마야 안젤루(Maya Angelou, 1928~2014)는 미국의 시인, 작가, 민권 운동가이다.

안젤루는 평생 동안 빈곤, 인종차별, 성차별 등 자신이 직면한 문제를 고발하는 글을 쓰고, 또 시민권 운동에 참여했다.

안젤루가 쓴 가장 유명한 작품 중 하나는 그녀의 어린 시절과 청소년기를 담은 자서전 『I Know Why the Caged Bird Sings(나는 새장의 새가 노래하는 이유를 안다)』이다. 이 책에서 안젤루는 역경과

차별을 극복하고 세상에서 자신의 자리를 찾은 생존자로 자신을 묘사한다.

안젤루는 강한 목적의식과 사람들에게 영감을 주고 단합시키는 글의 힘에 대한 믿음을 가지고 그녀의 삶을 살았다. 그녀는 변화를 위한 강력한 목소리였으며 많은 사람들에게 희망과 회복력의 상징이었다.

그녀가 자신의 삶을 어떻게 생각했는가, 자신이 살아 갈 세계를 어떻게 바라봤는가를 그녀가 한 말에서 알 수 있다.

"양손에 포수 장갑을 끼고 살아서는 안 된다는 것을 배웠습니다. 무언가를 다시 던질 수 있어야 합니다."

"당신에게 일어나는 모든 사건을 통제할 수는 없지만, 그 사건에 의해 축소되지 않기로 결정할 수는 있습니다."

"나는 나에게 일어나는 일에 의해 변할 수 있습니다. 그러나 나는 그것에 의해 축소되지 않습니다."

당신은 어떤 삶을 생각하고 있는가? 당신에게 미래는 어떠한 미래인가?

당신이 닫힌 미래를 생각한다면, 혹은 열린 미래를 상상할 수 없다면 왜 그런 것인가?

세계와 미래가 가능성이 없는 닫혀 있는 세계와 미래라고 느낀다면 이는 단지 당신이 경험한 세계일뿐이다.

미래는 늘 열려 있기 때문이다.

가혹한 삶의 조건에도 미래에 대한 기대와 희망을 품은 사람들은 열린 미래를 선택했고, 결국은 그런 미래를 성취한다는 사실을 생각해 보라.

현재 우리나라에 있는 대형병원 가운데 가천길병원은 작은 개인의원으로 시작한 한 여성의사가 창업하여 성장해 온 유일한 병원이다. 서울대학교병원이나 삼성병원과 같은 든든한 재원과 후원조직을 갖추지 않고 개인의 비전과 의지로 성장한 병원이다. 이 병원을 창업한 이길여(1932~)는 기업가정신을 갖춘 비전가이자 경영자로 평가받는다.

그녀는 산부인과 의원을 개업하고 한창 잘 나가던 1958년에 미국으로 유학을 갔고, 4년 뒤 다시 귀국해서 병원을 운영했다. 그리고 대학교, 재단, 연구소 등 현재 그녀가 뿌리를 심은 여러 공익조직을 만들고 성장시켰다.

나는 미국유학과 귀국, 이 두 번의 전환이 현재의 가천길병원, 가천재단, 가천대학교를 만든 모멘텀이었다고 생각한다. 개인으로서 안정적인 생활, 적당한 명예를 얻을 수 있는 기반을 버리고 보다 큰 비전을 실현하기 위한 적극적 행동이었기 때문이다.

그리고 이런 모멘텀은 그녀가 품었던 비전과 함께 열린 미래라는 세계관이 바탕에 있었기에 가능했다고 생각한다.

"나에게 미래는 열려 있는 세계인가? 닫혀 있는 세계인가?"
이 질문은 미래에 대한 당신의 태도를 묻는다.
그리고 미래를 가능성과 기회의 관점에서 바라보는 의미를 생각해보라는 질문이다.

이 질문에 대한 답은 오직 당신만이 할 수 있다.
마음 속 깊은 곳에서 당신의 목소리를 들어 보라.
당신 자신을 새롭게 보라.

12

나는 어떻게 배우는가?

당신은 어떻게 배우는가?

이 질문은 당신이 어떤 방식으로 지식을 얻고 기술을 습득하는가를 묻는 질문이다.

그리고 어떻게 효과적으로 스스로 성장하는가를 묻는 질문이다.

누구에게서, 그리고 어디서 배웠는가를 답변하기는 쉽다

현대 사회에 사는 우리들 대부분은 학교에서 배움을 시작한다.

그런데 학교에서는 배우는 방식이 정해져 있다.

교사를 통해 지식을 습득하고, 중요한 지식을 암기하고, 시험을 통해 평가 받으며 배운다.

학교를 졸업하고 직장에서 일하기 시작하면서 다시 배움이 시작된다.

전문가로서 내가 하는 일을 통해 사람들에게 유용한 가치를 제공하기 위해 배움을 지속한다.

직장에서 제공하는 교육을 받고, 전문가들의 책을 읽고, 강의를 듣고

혹은 멘토를 통해 배운다. 그리고 일을 하면서 배운다.

이런 배움을 통해 보다 가치 있는 결과를 제공하는 사람으로 성장한다.

삶을 책임 있게 살아 나가고, 원하는 일을 하고, 한 사람의 시민으로 살기 위해 우리는 배워야 한다.

배움은 늘 중요했지만 그 중요성은 더욱 커지고 있다.

지식사회로 발전하는 현대 사회에서 배움은 가장 중요한 미래의 자본이다.

당신이 지식근로자라면 새로운 지식을 이해하고 기술을 습득하는 일은 당신의 노동에 담긴 가치를 유지하고 지속하기 위해 필수적으로 요구되는 일이다.

그래서 더욱 중요한 것은 '배움'이 아니라 '잘 배우는 것'이다.

어떻게 효과적으로 배우고, 배움을 통해 역량을 향상 시킬 수 있을까?

이는 자신이 잘 배우는 방식을 이해해야 한다는 점을 말해

준다.

당신은 자신이 어떻게 잘 배우는가를 생각해 봤는가?

사람마다 효과적으로 배우는 방식이 있다는 사실을 가르치지 못한 것은 학교의 실수다.

사람마다 배우는 방식은 다르기 때문이다.

들을 때 잘 배우는 사람이 있는가 하면, 말을 하면서 배우는 사람도 있다. 또 어떤 사람은 글을 쓰면서 배우기도 하고 가르치면서 배우는 사람도 있다.

39권의 책을 저술한 경영학자 피터 드러커는 자신은 가르치면서 많이 배운다고 했다.

나도 그렇다. 책을 읽거나 강의를 들을 때는 쉽게 정리가 안 되던 내용이 강의를 하면서 또는 대화를 하는 동안에 잘 정리 되면서 깊은 깨달음을 얻는 경우가 많다.

이런 차이는 정보 습득과 처리 방식이 사람마다 다르기 때문에 발생한다.

배우는 방식은 효과적인 배움을 결정하는 핵심요소다.

이는 배움의 본질이 그렇기 때문이다.

배움의 본질은 배우는 사람에게 있다.

배우는 사람의 배우려는 의욕, 지식을 소화하는 정신활동이 배움의 본질이기 때문이다.

말에게 억지로 물을 먹일 수는 없다.

호기심이나 배우려는 의욕이 적거나 스스로 이해를 구하는 정신활동에 몰입하지 않는 사람이 제대로 배울 수는 없다.

자신에게 맞는 방식으로 배울 때 우리는 높은 동기를 유지하고, 원활하게 지식을 머릿속에 구축하고 이해와 깨달음을 높일 수 있다.

반면에 자신에게 맞지 않는 방식으로 배울 때 우리는 배우려는 의욕을 상실할 수 있고, 효과적으로 지식을 구축하기도 어렵다.

학교는 스승에게서 제자로 지식을 전달하는 단 하나의 방식으로 배움을 구축했지만, 이 방식이 모든 사람에게 적합하지 않은 이유다.

학교는 배움에 대한 동기를 고취하고 스스로 학습할 수 있는 기본 역량을 가르치는 것이 목적이 되어야 한다.

배움의 주체는 배우는 사람 자신이다.

스승이나 지식, 기술 자체는 재료일 뿐이고, 배우는 사람이 배우는 활동에 몰입하지 않으면 배움은 완전하게 이루어 지지 못한다.

자신에게 맞는 효과적인 학습 방법을 찾는 것은 배움을 실현하는 가장 중요한 일이다.

당신은 자신이 어떻게 잘 배우는 가를 알고 있는가?

조금만 생각해 보면 자신에게 맞는 스타일이 무엇인지 알 수 있다.

아인슈타인은 실험보다는 머릿속 생각(상상)을 통해 위대한 이론을 만들었고, 에디슨은 수천 번의 실험을 통해 놀라운 발명품을 만들었다.

두 사람 모두 학교 부적응자였지만, 배우는 방식에 있어서는 각자의 스타일을 온전하게 적용해서 대가에 이르렀다.

자신에게 맞는 방식대로 배울 때 우리는 가장 효과적으로 배울 수 있다.

본래 배움이란 능동적인 행위이다. 지식을 얻거나 새로운 이해를 얻는 것은 언제나 학습하는 사람의 수고에 달려 있다.

자신의 머리로 생각하고, 의심하고, 새롭게 깨닫는 수고는 언제나 머릿속에서 이뤄진다.

그래서 배움은 발견과 같다.

소크라테스도 이 점을 분명하게 말했다.

"나는 다만 다른 사람들의 마음에 지식이 태어나는 것을, 이데아들에 대한 이해가 태어나는 것을 도울 뿐이다. 나는 이렇게 발견의 수고를 하고 있는 그들을 도움으로써 이 발견의 과정이 그들에게 더 쉽고 덜 고통스럽도록 한다."

당신은 자신에게 맞는 효과적인 배움의 방식을 알고 있는가?

자신이 잘 배우는 방식을 이해하는 것은 매우 중요한 자기에 대한 지식이다.

그리고 스스로 성장하는 힘을 만드는 필수영양분이다.

자연의 생명체가 햇빛과 물, 흙을 재료로 생명을 유지하고 성장하는 것처럼

인간은 배움을 통해 새로운 관점과 이해를 얻고 보다 가치가 있는 일을 할 수 있는 정신능력을 얻는다,

"나는 어떻게 배우는가?"

이 질문은 당신 스스로 성장하는 힘을 갖추기 위해 반드시 해야 하는 질문이다.

이 질문에 대한 답은 오직 당신만이 할 수 있다.

마음 속 깊은 곳에서 당신의 목소리를 들어 보라.

당신 자신을 새롭게 보라.

3

바람과 파도

나를 움직이는 힘

우리는 에너지를 필요로 하는 존재다.
매일 충분한 음식을 먹지 않으면 우리는 생존할 수 없다.
그런데, 삶에는 또 다른 에너지가 필요하다.
그것은 살아가는 목적과 이유다.
삶에서 실현하고 싶은 열망과 가치다.
이들이 없다면 삶은 의미가 없이 주어진 조건에 반응하는 것 이상도 이하도 아니다.
또한 삶은 자동항법장치가 있어서 정해진 경로를 따라가는 여행이 아니다.
각자 목적지를 정하고 경로를 만들고,
자신만의 삶을 만들어 가는 것이다.
목적과 이유, 열망과 가치는 참다운 삶을 만들어 가는 연료이다.
가던 길에서 반드시 만나는 장애물을 헤치고 나가면서
여정을 지속하는 힘이다.
다행스러운 점은 우리는 이 힘을 스스로 만들 수 있다는 사실이다.

13

나에게 에너지를 주는 것은 무엇인가?

풍차를 거인으로 생각하고 창을 들고 돌진하는 미친 사람, 양 떼를 군대로 착각하고 싸움을 거는 사람이 있다.

돈키호테라는 인물이다.

돈키호테는 스페인의 대문호 세르반테스가 지은 『라 만차의 돈키호테』(1605)에 나오는 주인공이다.

막 60이 되어가는 돈키호테는 좌충우돌하고 출구 없는 미친 행동을 하는 사람이지만,

세르반테스는 인간이 가질 수 있는 최고 수준의 열정을 돈키호테를 통해 말해준다.

돈키호테는 자신을 기사(knight)로 생각한다. 그는 세상 사람이 그를 비웃어도 기사도를 실천하는데 온 몸을 바친다.

"사모하는 여인을 구하고 정의를 위해 싸우는데 한 방울의 망설임도 없다."

고귀한 이상을 위해 죽는 것이 기사도이기 때문이다.

그는 이렇게 노래 부른다. (돈키호테 뮤지컬에서)

그것은 진정한 기사의 임무이자 의무. 아니! 의무가 아니라, 특권이노라.

불가능한 꿈을 꾸는 것.

무적의 적수를 이기며,

견딜 수 없는 고통을 견디고,

고귀한 이상을 위해 죽는 것.

잘못을 고칠 줄 알며,

순수함과 선의로 사랑하는 것.

불가능한 꿈속에서 사랑에 빠지고,

믿음을 갖고, 별에 닿는 것.

돈키호테는 기사로 살고 기사로 고통 받고 기사로 행동하는 것에 자신의 모든 것을 바친다.

"나에게 에너지를 주는 것은 무엇인가?

이 질문은 생명을 가진 존재로서 당신을 살아 있게 하는 '열정의 원천'을 묻는 질문이다.

잠자는 당신을 깨우는 그 무엇, 커다란 장벽을 만났을 때 그

장벽을 넘어 가도록 지친 다리를 일으키는 그 무엇, 희망의 빛이 보이지 않는 어둠 속에서 희미하게 빛나는 별을 찾는 그 무엇.

이것이 열정이다.

"나에게 에너지를 주는 것은 무엇인가?", 나의 열정을 찾는 이 질문은 두 가지 의미를 담고 있다.

첫 번째 의미는, 열정은 심장을 뛰게 만드는 삶의 목적이라는 것이다.

목적은 당신이 걸어가는 길, 당신이 도전하는 과제, 당신이 고통을 이겨내도록 하는 북극성과 같다.

눈보라와 추위를 뚫고, 생명을 삼키려는 빙하를 이겨내고,

인간의 발길을 거부했던 남극점을 인류 최초로 밟는 것은 노르웨이의 탐험가 아문젠(Roald Engelbregt Gravning Amundsen, 1872~1928)이 마음속에 품은 북극성이었다.

두 번째 의미는, 열정은 살아 있는 활력을 느끼는 원천이라는 것이다.

모든 인간은 약하면서도 강한 존재이다.

인간은 항상 강할 수는 없지만, 또한 항상 약하지도 않다는 뜻이다.

이때 강함은 절대적인 강함이 아니라, 고통과 장애를 이겨내는 강함이다.

인간의 삶과 역사가 지금까지 진보하고 있다는 사실은,
우리에게 이런 강함이 있음을 말해 준다.

우리는 이 진정한 강함을 얻도록 하는 무엇을 찾아야 한다.

고통을 이겨내고 활력을 주는 삶의 영역과 감동의 경험, 곧 열정을 느끼는 무엇이다.

어떤 사람에게 그것은 가족이다. 자식을 위한 부모님의 사랑은 그 끝을 알기가 어려울 정도로 강하다.

어떤 사람에게 그것은 지속적인 성장이다. 자신을 통해 세상에 보다 좋고 가치 있는 무엇을 줄 수 있다는 믿음이다.

어떤 사람에게 그것은 위대한 창작물, 무한한 감동과 영감을 고취하는 작품이다.

청력을 잃은 후에도 베토벤은 교향곡을 작곡했고, 80이 넘은 나이에 주세페 베르디는 자신이 이전에 만들었던 작품과는 전혀 다른 스타일의 오페라, 〈팔스타프〉를 창작했다.

어떤 사람에게 그것은 동일한 신념을 가진 사람들이다.

동일한 목표를 가진 사람들이 나누는 믿음과 사랑은 고통을 이겨내는 에너지를 준다.

당신에게 활력의 원천은 무엇인가?

"나에게 에너지를 주는 것은 무엇인가?"
이 질문은 묻고 있다.

당신의 삶의 목적은 무엇인가?
당신은 당신에게 닥친 어려움을 무엇으로 이겨내는가?
당신은 어떨 때 활력을 느끼는가?

처음 이 질문을 받았을 때,
좋아하는 사람들과 맛있는 식사를 하는 광경이 떠올랐다.
사람들이 서로 힘을 합쳐 다리를 만드는 상상을 했다.
나에게 에너지의 원천은 사랑하는 사람들과 함께 있는 것,
전문가로서 가치 있는 무엇을 만드는 일을 지속하는 행동
세상을 더욱 좋게 바꾸는 행동이다.

여러 사람에게 질문해 보았다.
"당신에게 에너지를 주는 것은 무엇인가요?"

사랑하는 사람들과 함께 있는 행복감
격렬한 운동을 끝낸 내 몸을 느끼는 것
하나씩 하나씩 소망하는 목표를 달성해 가는 과정
지혜로운 사람의 조언을 듣는 것
마침내 목표를 달성하고 자신에 대해 자부심을 느낄 때
여러 사람이 힘을 합쳐 어려운 문제를 해결했을 때
아름다운 자연 속에서 자연과 하나 되는 존재감을 느낄 때
……
저마다 에너지의 원천은 다르다.

그러나 누구에게나 에너지는 필요하다.

누구라도 이 에너지를 찾을 수 있다.

당신이 즐겁게 몰입했던 경험을 기억해 보라.

시간의 흐름을 잊고, 오직 그 활동에 집중했던 상황을 상상해 보라.

만일, 그것이 이루어진다는 상상만으로 심장이 뛰는 것을 느끼는 기대를 생각해 보라.

〈산을 깎아 길을 만든 사람… 22년간 맨손으로 길을 만들다〉

인도 동부 비하르 주, 한 시골마을에 거주하는 다사랏 만지 (Dashrath Manjhi, 1934~2007).

만지는 22년 동안 망치와 정만으로 산을 깎아 길이 110m, 폭 8m의 도로를 맨손으로 만든 사람이다.

만지가 이렇게 무모해 보이는 일을 한 이유는 무엇이었을까? 그것도 22년 동안이나.

만지는 어릴 때부터 사랑을 키워오던 파군니 데비와 결혼했다.

가난하지만 행복한 부부에게 위기가 닥쳤는데, 아내 데비가 농사일을 하는 남편을 위해 도시락을 가져다주던 중 넘어져서 크게 다쳤다.

만지는 위독한 부인을 병원으로 데리고 가려고 했으나 가는 길이 멀고 험해 도착이 늦었고 부인은 응급치료를 제때 받지 못했다. 결국 부인은 세상을 떠났다.

데비가 병원에 제때 가지 못한 이유는 마을에서 병원이 있는 이웃 마을 사이에 있는 거대한 산 때문이었다.

이 산 때문에 1.6km밖에 있는 병원까지 55km나 되는 거리를 돌아가야만 했다.

부인이 죽고 난 후 만지는 산을 깎기 시작했다.

이 작업은 1960년부터 22년이 되는 1982년까지 이어졌고, 결국 그는 길을 만들었다.

그가 길을 만들고 나서 병원까지 55km이었던 거리는 15km로 줄어들었다.

우공이산의 우화를 현실로 만든 만지가 수십 년을 노력할 수 있었던 힘은 부인에 대한 사랑, 이웃에 대한 마음이었다.

이처럼 감동을 주는 인간의 행위는 지식과 재산을 넘어서는 정신의 힘이라는 것을 말해준다.

"나에게 에너지를 주는 것은 무엇인가?

이 질문은 당신을 최고의 상태로 만드는 열정의 원천을 묻는다.

삶에서 최고로 몰입할 수 있게 만드는 활력의 근원을 묻는다.

이 질문에 대한 답은 오직 당신만이 할 수 있다.

마음 속 깊은 곳에서 당신의 목소리를 들어 보라.

당신 자신을 새롭게 보라.

14

내가 살아온 인생에서 가장 감사한 일은 무엇일까?

당신은 "감사합니다!"라는 말을 얼마나 자주 말하는가?

나는 이 말을 매우 자주 사용한다. 사람을 만나 말하기도 하고, SNS에서 대화할 때도 자주 한다.

'감사합니다!'라는 말은 우리가 로빈슨 크루소처럼 살 수 없다는 삶의 진실을 드러내는 말이다.

우리는 다른 사람의 도움 없이 온전하게 살 수 없다.

사실 우리 삶의 시작은 부모님에게서 선물 받은 것이 아닌가?

"나의 인생에서 가장 감사한 일은 무엇일까?"

이 질문은 당신이 삶의 소중함을 상기하고, 소중한 사람이 누구이며, 소중한 경험이 무엇인가를 질문한다.

이 질문에 미국의 44대 대통령인 버락 오바마(Barack Obama, 1961~)의 부인이자 법조인인 미셸 오바마(Michelle Obama, 1964~)는 "가족과 친구들의 사랑과 지원, 그리고 다른 사람에게 봉사할 수 있는 기회에 가장 감사합니다."라고 말했다.

아 질문에 아마존을 창업한 제프 베조스(Jeff Bezos, 1964~)는 "아마존(Amazon)의 놀라운 팀과 매일 우리를 지원하는 놀라운 고객에게 가장 감사합니다."라고 말했다.

차분하게 당신에게 일어났던 소중한 경험과 함께 하는 사람들을 생각해 보라.

감사함을 느낄 일이 쉽게 떠오르지 않을 수도 있다.

바쁘게 살아가느라 미처 감사함을 느끼지 못하고 지나왔을 수도 있다.

현재 어떤 어려운 상황에 놓여 있거나 여러 문제로 힘든 처지에 있다면

감사함을 떠올리기가 어려울 지도 모른다.

삶에서 당신이 누리는 모든 것이 당신이 노력해서 얻은 것이라고 생각할 수도 있다.

혹은 다른 사람과 자신을 비교하고는 삶에서 결핍을 느낄지도 모르겠다.

그럼에도 감사함을 찾아보라.

지금까지 삶을 살아온 당신에게는 틀림없이 삶을 영위하도록,

삶이 기쁘도록 도운 사람과 경험이 있다.

당신에게 위로를 주고, 용기를 북돋아 주며, 당신이 원하는 삶을 살아가도록 도와준 사람들이 있다.

그 사람은 가족일 수도 있고, 지식을 나눠 준 스승이기도 하고, 일터에서 당신의 성취를 도운 동료나 상사일 수도 있다.

삶에서 감사함을 찾는 것은 내게 소중한 삶의 경험을 생각하는 일이고, 당신이 삶에서 실현하고 싶은 가치를 발견하고 확인하는 일이다.

그리고 다른 사람과 맺는 관계의 가치를 생각하는 일이다.

당신은 다른 사람에게 어떠한 사람이 되고 싶은가?

"연탄재 함부로 발로 차지마라. 너는 누구에게 한 번이라도 따뜻한 사람이었나?", 시인 안도현이 지은 시 「너에게 묻는다」에 나오는 말이다.

쉽게 대답이 떠오르지 않을 수도 있다.

타인과 맺는 관계를 깊게 생각하지 않았을 수도 있다.

혹시 서로 주고받는 관계(Give and Take)가 당신이 가장 편안함을 느끼는 관계인가?

아니면 다른 사람에게 내가 줄 수 없는 것이 적다고 생각하는가?

만일 그렇다면, 그 누구도 다른 사람의 도움 없이 살 수 있는 사람은 없다는 사실을 생각해 보라.

오늘 나는 편의점에서 커피 한 잔을 먹고, 지하철을 탔고, 스마트폰으로 '밀리의 서재'에서 책을 읽고, 건물에 도착해서 엘리베이터를 타고 일터에 출근했다.

이런 생활을 내가 누리는 것은 커피를 재배한 농부, 로스팅을 하고 만든 사람, 배달한 사람, 책을 쓴 작가, 스마트폰을 만든 사람들, 전자책을 만드는 사람들, 지하철을 운전하고, 엘리베이터를 만든 사람 덕분이다.

미국의 전자상거래 기업인 아마존을 창업한 제프 베조스(Jeff Bezos, 1964~)는 늘 고객들에게 감사한다고 말한다.

고객이 없다면 세계 최대의 전자상거래 플랫폼인 아마존조차도 존재할 수 없다.

우리가 하는 노동은 모두 사람들을 위한 일이고, 돕는 일이다.

그러니 우리 삶은 실제로 많은 감사함을 교환하는 삶이다.

현재 당신이 삶에서 마주친 어떤 문제로 씨름하고 있더라도 감사함을 생각해 보라.

당신이 미처 인식하지 못했지만 당신을 도운 사람들이 있다.

그들에게 당신이 받은 도움을 생각해 보라.

당신이 지금까지 존재하고 살아갈 수 있도록 도운 경험이 분명히 있다.

그리고 당신이 그들을 도울 수 있도록 노력하는 것을 생각해 보라.

감사함을 느끼는 것, 감사하다는 말을 전하고 싶은 사람을 찾는 것은
우리가 살아가는 삶의 실제를 받아들이게 한다.
한 사람의 개인으로 우리는 자신의 가치와 희망을 쫓아 살아간다.
그런데 이 과정은 다른 사람들의 도움을 받고 또 도움을 주며 살아가는 삶이다.
이런 삶은 뺏고, 지배하고, 앞서는 삶과는 거리가 멀다.
서로 도움을 주고받는 삶,
이를 통해 각자가 혼자서 도달할 수 있는 삶보다 더욱 좋은 삶을 살아가는 것이
삶의 실제이고 진실한 삶이다.

감사함을 찾아보라.
당신에게 주어진 삶의 기회와 당신 내면의 가치를 확인하도록 도울 것이다.
삶이 얼마나 소중한 것이며,
삶에서 당신이 실현하고 싶은 행복과 충만함을 다시 상기하도록 해 줄 것이다.
그리고 다른 사람들을 돕는 사람으로 살아가는 삶이 있음을 발견하게 해 줄 것이다.

"내가 살아온 삶에서 가장 감사한 일은 무엇일까?"

이 질문에 대한 답은 오직 당신만이 할 수 있다.
마음 속 깊은 곳에서 당신의 목소리를 들어 보라.
당신 자신을 새롭게 보라.

15

내가 현재 직면한 가장 중요한 도전은 무엇인가?

지금 당신이 직면한 가장 중요한 도전은 무엇인가?

이 질문은 당신이 원하는 삶을 향해 가치 있는 도전을 하고 있는가를 묻는다.

원하는 삶을 살기 위해서는 삶에서 변화를 추구해야 한다.

더 좋은 삶을 향한 변화 말이다.

스스로 삶에서 변화를 만들어 가는 것, 이것이 도전이다.

그래서 삶에서 도전은 불가피하다.

"이제 내가 원하는 모든 것을 얻었고, 내가 바라는 삶은 바로 지금 현재의 삶이야" 라고 말할 수 있다면 어느 정도 행복한 삶이라고 말할 수 있겠다.

그러나 어쩌면 삶에 바라는 기대수준을 낮추고, 너무 일찍 자신이 실현할 수 있는 삶을 포기했기에 그런 것일 수도 있다.

나는 욕망을 찬양하고 끊임없이 욕망을 충족하기 위해 돌진하는 삶이 아름답다고 말하는 것이 아니다.

자기를 실현하는 일을 하고, 사랑하는 사람들과 관계하며, 세상에서 기쁜 경험을 많이 하는 그런 정도의 삶을 말하는 것이다.

이런 정도의 삶을 살 수 있다면 행복할 것이다.

그런데, 이런 삶은 자동적으로 주어지지 않는다.

내가 살아갈 집과 공간을 얻고 함께 사랑을 나누며 삶을 공유하는 사람을 만나고, 친밀감과 우정을 나누는 사람들과 교제하고, 땀 흘려 일하고 창조하는 노동은 스스로 가꾸어야만 얻을 수 있기 때문이다.

그래서 도전해야 하고 도전에서 이겨야 한다.

그런데 삶이라는 무대 위의 도전은 상대방이 있고 승패가 있는 도전이 아니다.

자기와 겨루는 것이고, 삶을 넓히고 향상하는 도전이다.

보다 좋은 인생으로 가는 과정에서 내가 선택하는 도전인 것이다.

그러니 이 도전을 어쩔 수 없이 해결해야 하는 문제가 아니라,

삶을 보다 충만하게 하는 기회로 생각하면 어떨까?

모든 사람이 보다 좋은 삶을 살고 싶어 한다.

당신도 그럴 것이다.

인생에 최고의 삶이란 없다.

최고의 사랑이 없는 것과 같다.

만일 이런 것이 있다면, 인간은 자유로운 존재라는 것을 부인해야 하고, 삶에서 선택이란 없을 것이다.

그리고 최고의 삶이 있다면 그것을 뛰어 넘은 최고의 삶이 또한 있어야 한다.

오직 가능한 것은 보다 좋은 삶이다.

무엇이 보다 좋은 삶인가는 오직 당신의 생각과 기대에 달려 있다.

그렇지만 보다 좋은 삶이라 할만한 몇 가지 요소가 있다.

보다 좋은 삶은 항상 성장하고 향상하는 삶이다.

사랑을 더욱 많이 나누고, 하는 일에서 보다 많은 보람과 의미를 느끼고, 세상에 긍정적인 변화를 보태는 삶.

이런 삶에 최고의 경지란 없다. 다만 더욱 충만해 지는 것이다.

삶은 스톡(stock)이 아니라 플로우(flow)인 것이다.

만일, 당신이 도전을 느끼지 못한다면 삶에 거는 당신의 기대를 생각해 보라.

어제보다 오늘 좋은 삶을 살고, 내일은 더욱 좋은 삶을 살고 싶은 기대를 생각해보라.

분명히 기대가 있을 것이다.

이 기대로 인해 삶에서 도전은 자연스러운 것이다. 피해야 하는 것이 아니라, 자신을 성장시키고 원하는 삶을 실현하는 단계들이다.

다음은 도전을 극복하는 과정을 생각해 보자.

스포츠 경기를 생각해 보라. 경기에서 이기려면 어떻게 해야 할까?

당신이 당신 인생의 경기를 책임지는 감독이라고 상상해보자.

당신은 어떻게 인생 경기를 할 것인가?

월드컵에서 우승하려면 본선에 나가야 한다.

그러니 우선 대륙별 예선을 통과해야 한다.

대륙별 예선을 통과하려면 먼저 지역별 예선을 통과해야 한다.

지역별 예선을 통과하려면 토너먼트 경기에서 이겨야 한다.

토너먼트에서 이기려면 매일매일 훈련해야 한다.

패스를 연습하고, 공격을 연습하고, 수비를 연습해야 한다.

결국 월드컵 결승전에서 승리하는 것은 평상시 어떻게 연습하느냐에 성공이 달려 있다.

현재 당신은 얼마나 잘 연습하고 있는가?

히말라야 정상 등극에 성공하려면 무엇이 필요할까?

날씨와 기후가 영향을 미치지만, 결국 정상까지 발걸음을 옮기는 사람에게 성공이 달려 있다.

발걸음을 옮기려면 꾸준한 체력이 필요하고 이 체력은 꾸준한 연습으로 길러진다.

꾸준한 연습은 일상에서 이뤄지는 일이고 지속되는 경험이다.
그래서 도전은 하나의 과정이다.
일상에서 연습하는 것이고, 이 과정에서 우리는 도전을 이기는 힘을 얻고, 결국 도전을 이겨낼 수 있다.

그리고 한 가지 중요한 사실이 있다.
히말라야 정상에 서게 되면 무엇이 달라지는 것일까?
또 하나의 등반 기록일까? 아니다!
진정으로 달라진 것은 사람이다. 정상에 서서 내려오는 사람은 그 이전 사람이 아니다.
정상을 정복한 사람이고, 정상에서 산 아래를 본 사람이다.
도전하는 과정에서 우리는 성장하고, 더 나은 존재가 된다.

"내가 현재 직면한 가장 중요한 도전은 무엇인가?"
이 질문은 삶에 기대하는 당신의 눈높이를 묻는 질문이다.
그리고 스스로 삶을 높이려는 노력을 하고 있는가를 묻는다.

이 질문에 대한 답은 오직 당신만이 할 수 있다.
마음 속 깊은 곳에서 당신의 목소리를 들어 보라.
당신 자신을 새롭게 보라.

16

나에게 소중한 사람들은 누구이며,
나는 이들에게 어떤 사람이 되고 싶은가?

공기가 없다면 우리는 지구에서 한 순간도 살지 못한다.
그럼에도 우리는 공기의 소중함을 잊고 살아간다.

너무나 가까이 있기에 잊고 살아가게 된 걸까?
당신에게 소중한 사람들은 누구이며, 당신은 이들에게 어떤
사람이 되고 싶은가?
이 질문은 '당신이 소중한 사람들과 어떤 관계를 맺고 있으며
이들과 무엇을 나누고 있는가?'를 묻는 질문이다.
그리고 사랑과 친밀감을 나누는 관계는 인생의 선물이면서 책
임에 속하는 것임을 묻는다.

우리는 모두 사랑과 친밀감을 필요로 한다.

이는 자연스러운 인간 본성이고 또한 삶에서 행복을 얻는 필수 요소이다.

미워하고 싫어하는 것도 우리에게 있는 본성이고 감정이지만,

이 감정을 사람들에게 투사하는 것은 자신을 괴롭히고 삶을 불행하게 만든다.

우리는 사랑하는 사람을 옆에 두고 싶어 하며, 친밀감을 나누고, 위로와 용기를 받고 싶어 한다.

소중한 사람을 만나고 사랑과 친밀감을 나누며 사는 것은 인생의 선물과도 같다.

내가 자격이 있는 어떤 사람이기 때문에 주어지는 것이 아니라 나라는 존재라는 이유만으로

사랑과 친밀감이 주어지기 때문이다.

그런데, 이 선물은 마르지 않는 샘물이 아니다.

당신이 어느 정도 삶을 살아왔다면, 사랑과 친밀감은 언제나 느끼고 경험하는 것이 아님을 알고 있을 것이다.

우리에게는 약점이 있다.

소중한 사람에게 익숙해지면서 소중한 사람, 그와 맺는 관계와 경험이 자연스럽게 주어진 것처럼 받아들이기도 한다.

때로는 자신에게 닥쳐진 어려운 상황 속에 빠져 그 사람을 잊기도 한다.

이것이 지나치게 되면 자신만을 중시하는 삶에 빠져 사랑과 친밀감의 본질을 잊게 된다.

사랑과 친밀감이란 마르지 않는 샘에서 길러지는 것이 아니다.

이들은 신뢰로부터 만들어지는 감정이다.

그 사람은 소중한 존재라는 믿음, 그 사람은 내가 아름답고 행복한 삶을 살도록 배려한다는 믿음, 그리고 내가 그 사람에게 또한 그렇게 할 수 있다는 신뢰 말이다.

그래서 사랑과 친밀감이란 신뢰를 지키려는 책임이 필요한 것이다.

당신은 소중한 사람들과 신뢰를 나누고 있는가?

상대방의 바람을 알려고 노력하며 이를 충족시키려고 의식적으로 행동하는가?

소중한 사람은 그 사람이 있기에 당신이 더욱 충만한 삶을 살도록 돕는 사람이다.

그러나 삶에는 여러 문제가 생기기 마련이고, 당신이 급하게 해결해야 하는 어려운 일이 때때로 찾아 온다.

이럴 때 우리는 자신에게 소중한 사람이 있다는 사실을 잊을 수 있고,

당신이 표현하고 행동으로 드러내야 하는 신뢰, 곧 사랑과 친밀감을 밀쳐 둘 수 있다.

그런 일이 오래간다면 곧 사랑과 친밀감은 바닥을 드러낼 수 있다.

또한 언제나 자신의 마음을 온전하게 이해하는 것은 매우 어려운 일이기도 하다.

우리의 마음은 오해할 수 있고, 잘못 판단할 수 있다.

사랑하는 사람, 친밀한 사람을 오해하기도 하고, 이들과 맺는 관계가 힘들게 느껴지기도 한다.

사랑과 친밀감은 기상시간이 되면 솟아나고 잠들 때는 사라지는 그런 감정이 아니다.

그것은 가꾸고 돌보야 되는 감정이다.

또한 언제나 필요하지만, 또한 그것을 더욱 필요로 하는 순간들이 있다.

삶에는 상처 받거나 상실하거나, 힘겨운 상황들이 있기 때문이다.

사랑과 친밀감은 이럴 때 더욱 필요하다.

그러니 항상 사랑과 친밀감을 드러내고 행동으로 표현하도록 노력해야 한다.

진정으로 사랑하고 친밀한 사람이라면, 당신도 그들에게 소중한 사람이 되기를 바라기 때문이다.

"당신에게 가장 소중한 사람은 누구이며, 당신은 어떤 사람이 되고 싶은가?

이 질문은 당신에게 소중한 사람을 늘 의식하는가를 묻는다.

그리고 소중함을 지키려면, 그것을 소중하게 간직해야 하는 것이 아니냐를 묻는다.

마지막으로 그 소중함을 지키기 위해 어떤 행동을 해야 하는가를 묻는다.

이 질문에 대한 답은 오직 당신만이 할 수 있다.

마음 속 깊은 곳에서 당신의 목소리를 들어 보라.

당신 자신을 새롭게 보라.

17

80세의 나는 지금 나에게 어떤 조언을 하고 싶을까?

아마도 당신은 어른들에게 이런 말을 들어본 적이 있었을 것이다.

"나이가 들수록 시간이 빠르게 지나간다. 사회에 첫 발을 뗀지가 어제 같은데 벌써 은퇴할 나이가 되었네." "아이가 걸음마를 뗀 적이 엊그제 같은데 벌써 장가를 가네.

나이에 따라 시간을 다르게 느낀다. 이를 과학으로 증명할 수는 없지만 많은 사람들이 공감하는 말이다.

젊은이들은 시간의 부족을 느낀다. 그들에게는 늘 시간이 부족하다. 한 사람으로서 독립적인 삶을 꾸리기 위해 공부하고, 준비해야 할 일이 많기 때문이다. 그리고 책임 있는 시민으로, 보람 있는 직업인으로 일하기 위해 배우고 해야 하는 일이 적지 않다. 또 한 가지, 사람들과 교제하고 관계하는 일도 꽤 많다.

나는 인생의 각 단계에서 시간이 다르게 느껴지는 이유를 생각해 본다.

젊은이들은 왜 시간이 부족하다고 느낄까? 가장 중요한 이유는 삶에서 경험하고 실현하고 싶은 욕망과 기대가 크기 때문인 듯싶다.

직업인으로서, 독립적 가정의 일원으로서, 책임 있는 시민으로서 삶을 구성하고 싶은 욕망과 기대가 있기 때문이다.

"80세의 나는 지금의 나에게 어떤 조언을 하고 싶을까?"

이 질문은 삶에 기대하고 열심히 노력하는 지금의 나를 돌아볼 것을 묻는 질문이다.

당신이 아직 젊다면 80세의 나를 상상해 본 적이 없을 것이다. 나 역시 그랬다.

그런데 이 질문은 그런 존재를 상상해 보라고 권한다.

이 존재는 오직 나만이 상상할 수 있다. 그는 어떤 사람일까?

80세의 나는 그 누구보다도 나를 사랑하고 소중히 하는 사람이다.

그는 내가 살아온 삶이 내가 원하는 대로, 소중하게 생각하는 가치대로 살아 왔음을 그 누구보다도 인정하고 축하할 사람이다.

그는 내가 살아온 삶의 모든 과정을 함께 겪었으며, 행복과 고통, 불안과 평온, 좌절과 성공, 흥분과 권태를 함께 겪었다.

그리고 내가 시간을 보낸 모든 일과 일터와 사람들과, 도시와 함께 있었다.

그래서 80세의 나는 내가 살아 온 삶과 일에서 모든 것을 가장 정직하게 경험한 사람이다.

그런 그는 젊은 나에게 어떤 말을 할까?

완벽한 삶이란 가능하지 않다.

삶에 대한 기대와 욕망이 모두 채워지는 삶이 완벽한 삶이라면 말이다.

우리 모두는 삶에 기대하고 욕망하지만 기대와 욕망이란 늘 변하기 때문에 기대와 욕망인 것이다.

그것은 항아리처럼 용량이 정해져 있지도 않고 또한 항아리도 모양이 바뀐다.

우리는 어느 정도 채울 수 있을 뿐이다.

만일, 모든 기대와 욕망을 채울 수 있다면 그것이 채워진 순간에는 더 이상 삶에 기대하지 않게 되는 것인데, 그런 삶을 삶이라 말할 수 있을까?

삶은 완벽함이 아니라 충만함을 향한 것이다.

완벽함은 맨 끝에 도달해야만 발견할 수 있는 것이고, 충만감은 살아가는 과정에서 경험하는 것이다.

기대와 욕망을 발견하는 과정, 그것을 조금씩 실현하는 과정에서 우리는 충만감을 느끼고 또한 현재의 삶에서 충만감을 경험할 수 있다.

당신은 지금 충분하게 충만감을 느끼고 있는가?

혹시 결승선만을 쳐다보고, 소중한 것을 제쳐 두고, 그곳에 빨리 가기 위해서만 전력을 다하고 있지는 않은가?

아니면 결승선이 어디에 있는지도 모른 채 인생의 길에서 방황한다고 느끼는가?

80세의 나는 그 누구도 대신할 수 없는 나의 연인이자 공정한 관객이다.

그는 내가 바라는 삶, 삶에 바라는 기대와 욕망, 그것을 위해 충만한 경험을 하는데 애쓰라고 말하지 않을까?

그리고 바라는 삶에서 벗어나지 않고 온전하게 나의 삶에 다다르는 길을 걸으라고 말해주지 않을까?

인생은 짧지만 어느 정도는 길다.

삶에 대한 기대와 욕망이 있다면 인생은 짧지 않다.

기대를 추구하는 과정에서, 실현하는 과정에서 기쁨과 행복, 충만함을 느끼게 되고 이것은 그 과정에 깊이 몰입하는 삶이기 때문이다.

한 사람이 나이가 드는 과정은 생물학적 시간이 아니라 인생의 시간이다.

자신이 원하는 삶의 가치와 방향대로 살아가는 것, 그 과정이 나중을 위한 유보와 연기가 아니라 순간에 몰입하는 과정이 되도록 하는 것, 그것이 인생의 시간이다.

인생의 시간에서 헛된 시간, 혹은 낭비되는 시간을 기대하는 사람이 있을까?

당신에게는 인생의 시간이 어떻게 다가오고 흘러가는가?

"80세의 나는 지금 나에게 어떤 조언을 하고 싶을까?"

이 질문은 인생을 길게 바라보고 마주하기를, 당신의 삶을 그 누구보다 당신에게 의미와 가치가 있는 삶으로 바라보고 있는가를 묻는다.

그리고 인생의 시간을 만들기 위해 무엇을 할 수 있을까를 묻는다.

이 질문에 대한 답은 오직 당신만이 할 수 있다.

마음 속 깊은 곳에서 당신의 목소리를 들어 보라.

당신 자신을 새롭게 보라.

4

암초

삶에서 겪는 어려움

대양을 항해하는 배가 암초를 만나듯이
우리는 삶 속에서 암초를 만난다.
이를 피하기란 어렵다.
암초는 우리가 기대와 희망을 실현하는 과정에서
반드시 마주해야 하는 장애물과 어려움이다.
또한 기대와 희망이 클수록 암초도 많고 커진다.
산을 깎는 힘은 기도가 아니라 불도저에서 나온다.
암초를 이겨내는 힘은 그것을 극복하겠다는 의지와 행동에서 나온다.

18

나의 삶에서 자유롭게 느껴지지 않는 것은 무엇인가?

이 질문이 당신의 마음을 흔든다면 괜찮다. 중요한 질문은 때때로 무겁다.

당신은 자유롭다고 느끼는가?

그렇다면 행복한 사람이다.

현대 사회에서 살아가는 우리는 자유롭게 살아간다고 생각한다.

그 이유는 선택과 결정을 자유롭게 할 수 있기 때문이다.

그럼에도 자유롭지 않다는 느낌이 드는 경우가 있다.

"나의 삶에서 자유롭게 느껴지지 않는 것은 무엇인가?"

이 질문은 자신에게 진정한 삶이란 어떤 것인가를 묻는다.

그리 오래 지나지 않은 과거에는 신분, 계급, 권력이 사람들을 속박했다.

태어나 보니 모든 것이 정해져 있었고, 정해진 것들이 운명처럼 사람들을 속박했다.

귀족이라면 귀족의 삶을, 평민이라면 평민의 삶을, 노예라면 노예의 삶을 살아가는 것이었다.

그러나 이런 삶은 인간 본성에 맞지 않는 삶이다.

이성이 있고, 상상력이 있는 인간에게 속박과 정해진 운명이란 부자연스러운 것이니까.

그래서 자유로운 삶을 향한 운동과 변화가 있어 왔다.

우리가 사는 사회는 자유를 인간에게 돌려주기 위해 진보해 왔다.

그런데, 이제는 자유가 완성된 것일까?

권리로서의 자유는 거의 보장되지만, 내용으로서의 자유, 실제로서의 자유는 어떨까?

그것을 채우는 일은 다른 누군가가, 혹은 제도가 보장해 주는 것이 아니다.

만일 그렇다면, 이런 존재는 전혀 자유로운 존재가 아니다.

자기가 아닌 다른 무엇으로부터 보장을 받는 존재란 결국 묶여 있는 존재이기 때문이다.

실제로서의 자유란 자기 자신에게 달려 있는 것이다.

"나의 삶에서 자유롭게 느껴지지 않는 것은 무엇인가?", 이 질문은 세 가지 의미를 담고 있다.

첫 번째 의미는, 진정한 삶은 어떤 삶인가를 생각해 보라는 것이다.
진정한 삶은 내가 진심으로 살고 싶은 삶을 뜻한다.
즉, 자유를 추구하는 삶이다.

인간이 추구하는 자유에는 두 종류가 있다.
첫 번째는 무엇으로부터의 자유이다.
자신이 아닌 다른 무엇으로부터 속박당하지 않고 살아가는 자유다.
두 번째 자유는 무엇을 향한 자유이다.
나의 가치와 이상대로 살아가고 싶은 무엇을 추구하는 자유다.
이 자유가 진정으로 중요한 자유이다.
그렇다면 진지하게 자신에게 질문해야 한다.
진정으로 중요한 이 자유를 추구하고 있는가를 말이다.

인생의 주인공은 각자이다.
내가 원하는 삶을 내가 원하는 방식대로 살아가는 것이 인생이라면, 삶의 주인공은 오직 '나'이다.
가족이 있고, 동료가 있고, 친구가 있지만 나의 자유를 포기할 수는 없다.

진정한 삶이란 내가 받아들이는 자유를 충만하게 실현하는 삶이기 때문이다.

"내가 자유롭지 않다고 느끼는 것은 무엇인가?"

이 질문은 "내가 진정으로 원하는 삶은 어떤 것일까?"를 묻는다.

당신은 진지하고 솔직하게 당신의 내면과 대화해야 한다.

두 번째 의미는 진정으로 자신이 원하는 삶을 지금 추구하고 있는가를 생각해 보라는 것이다.

만일 현재 내가 있는 이곳이 내가 가려고 했던 곳이 아니라면, 왜 이곳에 있는가?

혹시 마음속에 다른 곳에 대한 바람이 뜨겁게 있는 것인가?

삶은 주어져 있지만, 자유로운 삶을 만드는 것은 의지에 달려 있다.

그래서 책임이기도 하다. 나에 대한 책임, 나의 삶에 대한 책임 말이다.

나는 나에게 책임을 다했는가?

내가 이곳에 오기까지 내가 내린 선택은 나에게 정직한 것이었나?

혹 다른 사람을 위해 내린 선택은 아니었나?

또는 나를 위한 것이라고 생각했지만 진정 그런 것이었나?

삶과 일에서 가장 중요한 것은 내면의 나침반이다.

삶에 바라는 기대와 그 기대 속에 담긴 가치를 말한다.

삶의 나침반이 어디를 가리키는가를 우리는 정직하게 살펴봐야 한다.

그리고 내가 그곳으로 움직이고 있는가를 들여다봐야 한다.

세 번째 의미는, 속박에서 벗어나는 용기가 있는가를 생각하라는 것이다.

때때로 인간은 자신을 속박한다.

만일, 당신이 자유롭지 않다고 느낀다면 가슴은 이 사실을 알고 있는 것이다.

속박은 여러 가지 형태와 얼굴을 가지고 있다.

많은 사람이 부, 권력, 명예를 추구한다.

이들 자체가 속박은 아니다. 모두가 인간에게 필요한 것이다.

그러나 이들을 얻기 위해 다른 것을 크게 희생한다면 당신은 이들에 묶인 것이다.

부를 얻기 위해, 혹은 지키기 위해 다른 사람의 희생을 용인하거나, 정직이나 배려 같은 인간 사이의 예의를 과감하게 버릴 수 있다면, 당신이 아니라 부가 당신의 주인이다.

때로는 사회적 관계가 당신을 속박하기도 한다.

직장인으로 일하면서 조직에서 자신의 소신과 가치를 말할 수 없다면, 혹은 말 하는데 장애를 느낀다면 이는 속박이다.

다수가 동의하는 생각과 다른 생각을 하지만 인화와 단결이라는 조직의 가치에 부담을 느끼고 스스로 그 생각의 표현을 억제한다면 또한 속박이다.

2003년 당시에 미국의 거대기업이었던 엔론(Enron)은 회계자료를 부정하게 만들고, 고객과 투자자를 기만했다. 이 사실을 고발한 임원은 단 한사람이었고 다른 사람들은 침묵했다.

속박은 때때로 장미의 향기처럼 다가오기도 한다.

속박을 강제하는 이유가 속박당하는 나에게 도움이 된다는 말로 전해질 때, 이런 상황이 생긴다.

돈을 버는 데는 별로 쓸모가 없는(없어 보이는) 전공을 선택하려는 자녀에게

어떤 부모는 경영학이나 법학, 의학 등 고소득 직업으로 이어지는 전공을 추천한다.

이런 부모의 마음을 비판하기는 어렵다.

그럼에도, 진정으로 자신에게 원하는 마음이 없는데도, 부모의 애정을 지키기 위해 이를 받아들인다면 이것은 속박이다.

나는 자유지상주의를 주장하는 것이 아니다.

홀로 살면서, 또한 함께 사는 것이 인생이지 않은가?

인간 사이에는 예의와 책임이 있다.

문제는 책임에 속하는 삶의 영역과 자유에 속하는 삶의 영역

에 대한 올바른 생각이다.

가치를 실현하는 영역, 경력과 일을 선택하는 영역은 인간에게 빼 놓을 수 없는 자유의 영역이다.

당신의 자유로운 선택이 부모나 스승의 뜻을 거스를 수도 있지만, 그것은 그 분들에게 잘못하는 일이 아니다.

자신의 가치에 부합하고 의미가 있는 선택이기 때문이고, 당신이 그 선택에 대해 전적인 책임을 지기 때문이다.

그래서 자유로운 삶은 때로 사지선다형 정답을 찾는 일이 아니라, 서로 정답을 다르게 말할 수 있는 상황에서의 선택이기도 하다.

용기가 필요한 것이다.

자신의 가치에 대한 전적인 믿음, 선택에 따른 삶을 받아들인다는 용기가 필요한 것이다.

당신의 마음을 불편하게 만드는 무엇을 깊게 생각해 보라.

자유에 대한 희망은 인간에게 고유한 본성이다.

당신이 불편하다면 무엇인가 나를 묶어 놓는 것이 있는 것이다.

불편함을 느낀다면 그것의 정체를 자신에 대한 연민 없이 들여다보라.

생계에 대한 두려움, 타인에 대한 의무감, 성공에 대한 불확실함…….

내가 가고자 하는 길에 던져진 그림자…….

당신이 불편함을 느낀다면, 그것이 무엇이든 이를 바꾸고 싶은 내면의 목소리가 있는 것이다.

그것을 이해하고, 자유로운 선택을 하는 것은 오직 당신 자신이다.

불편함은 자유를 얻는 당연한 대가라고 생각하면 좋겠다.

"나의 삶에서 자유롭게 느껴지지 않는 것은 무엇인가?"

이 질문은 묻는다.

당신이 진정 원하는 삶을 발견하고, 그것을 찾는 삶을 살아가는 길을 생각해 보라고 묻는다.

당신이 진실한 삶의 주인으로 살아가는가를 묻는다.

이 질문에 대한 답은 오직 당신만이 할 수 있다.

마음 속 깊은 곳에서 당신의 목소리를 들어 보라.

당신 자신을 새롭게 보라.

19

내가 두려움을 느끼는 것은 무엇인가?

당신은 지금 두려워하는 무엇을 느끼고 있는가?

그렇다고 해도 부끄러워하지는 말라. 두려움을 느끼는 것은 인간 본성이다.

우리는 모두 두려움을 안고 살아간다.

그런데 당신이 새로운 무엇을 기대하고, 새로운 삶의 변화를 희망할 때 두려움이 당신을 움츠러들게 만들고 있다면, 이 두려움을 직시하고 극복해야 한다.

"나에게 두려움을 주는 것은 무엇인가?", 세 가지 의미를 담고 있다.

첫 번째 의미는, 두려움의 실체를 이해하라는 것이다.

두려움은 우리가 느낄 수 있는 자연스러운 감정이다.

두려움은 어떤 현상이나 경험을 예상할 때, 인간이 갖게 마련인 불안한 감정이다.

그래서 두려움은 삶에서 결코 피할 수 없는 감정이다.

그런데 인간으로서 우리는 무엇에 두려움을 느끼는 것일까?

왜 두려움을 느끼는 것일까?

감정을 연구하는 심리학은 몇 가지 사실을 밝혀냈다.

〈두려움에는 4가지 종류가 있다〉

1. 우선 신체적 문제로 죽을까 봐 두렵다.

2. 두 번째는 파산의 두려움이다.

3. 세 번째는 이별에 대한 두려움이다.

4. 마지막으로 자신의 매력에 관한 좌절이 있다.

〈두려움 4가지〉 윤홍균 자존감 수업

당신은 어떠한가?

이 중에 당신이 두려워하는 대상이 있는가?

인간은 다양한 대상과 상황에 대해 두려움을 갖는다.

우리는 상실, 실패, 실망, 타락에 대해 두려움을 갖는다.

두 번째 의미는 두려움을 인정하는 것이다.

평온함이 진실한 감정인 것처럼 두려움도 진실한 감정이다.

즉, 두려움은 두려움을 느끼는 나 자신, 나의 심리 상태를 말해 주는 정보이다.

그래서 두려움을 통해 인간은 자신을 알 수 있게 된다.

잘난 나도 '나'고, 부끄러운 나도 '나'이고, 두려움을 느끼는 나약한 나도 '나'이다.

또한 두려움은 우리의 생존을 위해 필요한 감정이다.

숲길에서 야생의 곰을 만났을 때 두려움은 목숨을 구하기 위해 도망가라고 행동을 촉구한다.

만일 어떤 대상에 대해서도 두려움을 느끼지 못한다면, 인간의 생존은 큰 위험에 처할 것이다.

두려움은 부정의 형태로 나를 말해주고 나를 돕기도 하는 감정이다.

세 번째 의미는 두려움을 올바르게 다루라는 것이다.

인간의 감정은 본능과 학습된 반응으로 이뤄지고 형성된다.

나도 그렇고 당신도 그렇다.

두려움을 야기하는 원천에는 자연스러운 본능도 있지만 어떤 것들은 학습된 반응이기도 하다.

끓는 주전자에 손을 덴 어린아이는 열기가 주는 두려움을 배운다.

삶에서 겪는 특별한 경험, 특별한 상황에서 두려움을 느끼고, 이 두려움은 마음에 각인되어 있다.

두려움을 인정할 때 우리는 두려움을 다룰 수 있게 된다.

억지로 억누르거나 회피하거나 부인할 필요가 없다.

어렸을 때 개에게 심하게 물린 사람은 성인이 되어서도 개를 무서워 할 수 있다.

큰 실패를 겪은 사람이 새로운 도전 앞에서 실패에 대한 두려움을 느끼는 것은 자연스러운 반응이다.

실연의 상처를 겪은 사람은 새로운 사람을 만날 때 움츠러든다. 같은 상처를 겪는 것에 대한 두려움이 있는 것이다.

두려움의 실체를 이해하게 되면 우리는 두려움을 다룰 수 있다.

두려움은 극복되어야 한다. 만일 당신이 느끼는 두려움이 과거의 불행한 기억, 소외감, 상처로 인한 두려움이라면 이 두려움을 이겨내야만 새로운 삶을 향해 스스로 행동할 수 있다.

과거가 현재를 만들었지만 또한 미래를 만드는 것은 현재의 행동이다.

그런데 두려움을 간직하고만 있다면 이 두려움은 나를 앞으로 나가지 못하게 막는다.

두려움을 직면하면 과거의 기억이 현재와 미래를 지배하지 않도록 행동할 수 있다.

우리는 두려움을 극복할 수 있는 힘을 스스로 만들게 되는 것이다.

'미국 최고의 방송인', '세계에서 가장 영향력 있는 셀러브리티',

오프라 윈프리를 칭하는 말이다.

그녀는 가난, 결손 가정, 성적 학대, 십대의 나이에 임신과 유산 등 삶에서 엄청난 고통을 견디고 성공을 이루어낸 인물이다.

그런 오프라의 말이다.

"상처를 지혜의 초석으로 삼으라(Turn your wounds into wisdom)."

누가 보더라도 그녀의 삶은 이겨내기 힘들고 두려운 것이었다.

그럼에도 그녀는 두려움을 극복했다.

"당신이 가장 두려워하는 것은 아무런 힘도 없어요. 당신이 느끼는 두려움이 힘을 가진 것이죠. 진실을 마주하게 되면 자유를 얻게 될 거에요"라고 그녀는 조언한다.

데릭 시버스(Derek Sivers, 온라인CD 판매점인 시디베이비 설립자. 2003년 세계기술대상 수상, 1969~)는 두려움에 대해 이렇게 대응한다고 말했다.

"만약 겁을 먹었다면 그게 바로 해야 하는 일이다. 나를 겁나게 하는 무엇인가를 찾아 맞설 때만 그것이 더 이상 공포의 대상이 아님을 경험하게 된다. 나는 이 규칙을 거의 모든 일상에서 사용하고 있다. 실패할지도 모르는 대규모 프로젝트에 대해 확신을 갖지 못할 수도 있다. 그럴 때 나는 "겁먹었나?"라고 물어보고, '그래, 그럼 해보자'라고 말한다."

어쩌면 삶의 고통을 이겨내고 원하는 삶을 만들어 간 사람들은 위대했기 때문에 두려움을 이겨 낸 것이 아니라 두려움을 이겨냈기에 위대함에 다가가지 않았을까?

당신도 이 질문을 해보라.
당신 내면의 두려움의 실체를 이해하고, 두려움을 포용하고, 극복하도록 마음을 잡아보라.

두려움을 낳은 경험은 이미 지나간 경험이다.
인간의 마음에는 신비한 면이 있다.
감정은 경험을 반영한 것이지만, 때때로 감정은 행동을 통한 지각이기도 하다.
실용주의 심리학의 창시자로 평가받는 윌리엄 제임스(William James, 1842~1910)는 이렇게 말했다.
"두려워서 도망가는 것이 아니라 도망가기 때문에 두려운 것이다"라고.

우리에게서 두려움을 완전히 없앨 수는 없다. 모든 사람에게 자연스러운 감정이기 때문이다.
그러나 용기를 내어 행동해야만 새로운 삶을 향해 한 발을 옮

길 수 있다.

　용기는 무모함이 아니라 두렵지만 희망과 기대를 안은 감정이라는 말을 깊게 생각해보라.

　"나에게 두려움을 주는 것은 무엇인가?"

　이 질문은 내면을 정직하게 바라보고, 내면에 있는 약함을 포용하고 새로운 마음을 가꾸라는 질문이다.

　이 질문에 대한 답은 오직 당신만이 할 수 있다.

　마음 속 깊은 곳에서 당신의 목소리를 들어 보라.

　당신 자신을 새롭게 보라.

20

목표 달성을 가로막는 가장 큰 장애물은 무엇인가?

분노하는 포세이돈, 유혹하는 사이렌, 바다괴물 실라와 샤리브디스, 마법사 시르케, 태양의 신 헬리오스, 아내 페넬로페에게 구혼하는 구혼자들······.

이들은 모두 고대 그리스의 시인인 호메로스가 지은 서사시 『오디세이』에 나오는 인물들이다. 오디세우스가 트로이 전쟁을 마치고 고향 이타카로 돌아가는 여정 동안, 그를 해치려고 또는 그의 여행을 막기 위해 달려든 장애물들이다.

오디세우스는 이 장애물들과 싸워야 했고 이들을 극복할 수 있었기에 고향으로 귀환하는데 성공했고, 왕위를 탈환한다.

당신이 지금, 스스로 세운 목표를 달성하는데 어려움을 겪고 있다면 제대로 원대한 목표를 세운 것이다.

나는 당신이 이 말에 동의하리라 생각한다.

목표가 없다면 장애물이 생길 이유가 없고, 어려움이 크지 않다면 목표가 그다지 크지 않을 것이기 때문이다.

목표와 장애물은 비례한다.

"목표달성을 가로막는 가장 큰 장애물은 무엇인가?"

이 질문은 세 가지 의미를 담고 있다.

첫 번째 의미는 '당신이 세운 목표가 얼마나 원대한 것인가'이다.

목표는 미래에 내가 얻기를 원하는 어떤 것이다.

그것은 좋은 직장일 수도, 사랑하는 가족일 수도, 외국 유학일 수도, 혹은 사람들이 환호하고 감동하는 예술작품을 창작하는 것일 수도 있겠다.

목표가 무엇이든 목표를 달성하려면 정신을 써야 하고 몸을 움직이고, 지식을 얻고 기술을 익혀야 한다. 곧 노력하고 행동해야 한다.

원대한 목표는 보다 큰 노력과 행동을 요구한다.

그리고 보다 어렵고 큰 장애물을 극복하고 이겨내야 한다.

현재 당신이 간절하게 성취를 원하는 목표는 무엇인가? 그리고 장애물은 어떤 것인가?

장애물이 크고 대단하게 느껴진다면 당신이 세운 목표는 그만큼 원대한 것이라는 점을 생각해 보라.

장애물이 그다지 대단하지 않다고 생각한다면, 당신의 목표가 과연 가치 있고 원대한 것인가를 재고해 보라.

두 번째는 '목표에 대해 철저하게 생각하는가?'이다.

나는 인생과 일에 대해 다소 낙관적인 태도를 가진 사람이다.

처음 직장을 선택했을 때, 나는 내가 잘 하리라 기대했다.

그런데 첫 이직을 했던 때는 첫 직장에서 3년간 일하고 나서였다.

나는 즐겁게 직장생활을 했다. 연봉도 만족스러웠고, 동료관계도 좋았다.

내가 이직을 한 이유는 뒤늦게 세운 경력목표를 제대로 추구하기를 원했기 때문이다.

나는 첫 직장을 선택할 때 기업에 대해서도 경력목표에 대해서도 뚜렷한 생각이 없었다.

어느 정도 안정적으로 성장하는 기업, 경영학 전공자로 관리 분야에서 경력을 갖는다는 정도의 생각으로 첫 직장을 선택했으니까.

나는 일을 하면서 내 커리어를 깊게 생각했고, 내가 헌신하길 바라는 기업의 상을 고민했다.

나는 기획과 재무 전문가로 경력목표를 세웠고, 그런 기회가 큰 기업, 성취와 보람을 얻을 수 있는 기업으로 이직할 결심을 한 것이다.

첫 직장에서 나는 그다지 힘들게 일하지 않았다. 놀면서 일하지는 않았지만 기회와 도전을 적극적으로 찾지도 않았고, 탁월하게 일한다는 의지도 적었다.

목표가 적당했으니 적당하게 노력했고, 큰 장애물을 만나지도 않은 것이다.

현재, 당신이 뚜렷하게 장애물을 인식하고 있고, 마음에 부담을 느끼고 있다면

당신의 목표는 당신에게 뚜렷하고 명확한 목표다.

특별한 장애물이 없거나 그다지 힘겨운 장애물이라고 생각하지 않는다면

당신의 목표는 그다지 대단한 것이 아닐 가능성이 높다.

세 번째는 목표달성을 위해 '반드시 극복해야 하는 장애물을 대면하고 있는가?'이다.

목표를 성취하려면 반드시 제기되는 문제나 어려움을 반드시 해결해야 하는데,

때로 어떤 문제나 어려움은 우리를 압도한다.

이들은 현재 가진 역량과 자원으로 극복하기 어려운 것일 수

도 있기 때문이다.

그런데 목표를 성취하는 과정에 지름길이란 없다.

나를 압도하는 장애물은 정공법으로 극복해야 하고, 오직 이것만이 목표 성취로 가는 지름길이다.

110m 허들 경기에서 허들을 피하거나 돌아가서 경기에서 이길 수는 없지 않은가?

18세기 영국의 정치인 윌리엄 윌버포스(William Wilberforce, 1759~1833)는 영국의 노예제도를 폐지하기 위해 20여년을 헌신한 인물이다.

미국인이 링컨을 사랑하는 만큼 영국인들이 사랑하는 정치인으로 알려져 있다.

1786년 27살의 청년 윌버포스는 평생을 두고 실천할 결심을 한다.

그것은 노예무역을 근절하는 것과 잘못된 관습을 개혁하는 것이었다.

당시 영국은 세계 최대의 노예무역 국가였다. 150여 년에 걸쳐 약 200만 명의 노예를 수송했고 노예무역은 국가수입의 3분의 1을 차지했다.

그리고 막강한 상인들, 식민지 기득권 세력, 왕족, 귀족들이 노예제를 지지하는 세력이었다.

이런 상황에서 윌버포스의 결심은 무모하고 실현 가능성이 없는 것이었다.

그러나 윌버포스는 꾸준하게 노예제 폐지를 추구했는데, 의회에서 150여 차례나 동료 정치인과 논쟁하기도 했다.

그가 노예제 폐지에 헌신하겠다고 결심한 후 21년이 지난 1807년, 드디어 노예무역 폐지 법안이 의회를 통과했고, 1833년에는 영국에 있는 모든 노예를 해방하라는 법령이 선포된다.

법령 선포 사흘 만에 윌버포스는 74살의 나이로 생을 마쳤다.

우리가 원하는 삶을 살고 성취하는 삶을 살기 위해서 우리는 목표를 세우고 노력한다.

목표를 성취하는 과정은 곧 장애물을 극복하는 과정이다.

장애물은 목표의 수준에 비례해서 나타난다. 이를 피할 수는 없다.

어쩌면 목표가 장애물을 불러들이는 것이기도 하다.

이 장애물을 방해물이 아니라 반드시 만나는 손님으로 생각하라.

이런 인식이 결국 역경을 이겨내고 목표를 성취한 사람들이 공통으로 갖고 있는 태도다.

장애물은 피할 수 없다. 그리고 때때로 장애물을 극복하지 못하고 실패할 수도 있다.

그러나 실패는 발생될 수 있는 일이다. 그리고 극복할 수 있는 일이다.

즉, 실패는 또 다른 장애물일 뿐이다.

이런 인식이 결국 역경을 이겨내고 목표를 성취한 사람들이 공통으로 갖고 있는 태도다.

21세에 루게릭병을 진단 받고 일생의 대부분을 기계에 의지한 채 살면서 물리학, 천문학계에 혁신을 가져왔다고 평가받는 물리학자 스티븐 호킹(Stephen William Hawking, 1942~2018) 박사가 한 말이다.

"삶이 아무리 어려워 보일지라도, 여러분이 할 수 있고 성공할 수 있는 것은 항상 있습니다."

67개국 언어로 번역되고 4억5천만 부 이상이 판매된 세계적 베스트셀러인 해리포터 시리즈를 쓴 조안롤링은 (J. K. Rowling, 1965~)은 작가가 되기 전에는 복지혜택으로 근근이 먹고 사는 미혼모였다.

그녀는 "당신이 전혀 살지 않는 것이 나을 정도로 조심스럽게 살지 않는 한, 무언가에 실패하지 않고 사는 것은 불가능합니다."라고 말했다

"목표 달성을 가로막는 가장 큰 장애물은 무엇인가?

이 질문은 목표 달성이 '당신에게 얼마나 절실한 것인가'를 묻는다.

그리고 '장애물을 어떻게 대면하고, 장애물을 넘기 위해 무엇을 할 것인가'를 묻는다.

이 질문에 대한 답은 오직 당신만이 할 수 있다.

마음 속 깊은 곳에서 당신의 목소리를 들어 보라.

당신 자신을 새롭게 보라.

21

나는 안전지대에서 벗어난 일을 시도해 본 적이 있는가?

당신은 안전지대에서 벗어난 일을 시도해 본 적이 있는가?

이 질문은 당신이 살아가는 세계에 대한 당신의 태도가 어떤 것인가를 묻는다.

애플의 창업자, 스티브 잡스는 이런 말을 남겼다.

"이 질문에 '노'라고 답하는 날이 너무 길어진다면 그것은 문제다."

이 말을 정답이라고 생각하지는 말자. 당신 마음 속 답변이 중요하니까.

이 질문은 세 가지 의미를 담고 있다.

첫 번째 의미는, 변화보다는 안정, 낯선 것 보다는 익숙한 것을 좋아하는 경향에 대해 의문을 갖는 것이다.

우리는 흔들리기 보다는 탄탄한 것을 선호한다.

가끔씩은 롤러코스터를 타볼 수 있지만 매일 타라면 거의 모든 사람들은 고개를 저을 것이다.

또한 새로운 것을 배우는 일과 익숙한 것을 편안하게 사용하는 것을 선택할 수 있다면, 익숙한 것을 선호한다.

우리에게는 안전지대가 필요하다.

그런데, 이런 인간으로서의 경향은 지배적인 본능이 아니다.

우리에게는 또한 호기심과 성장에 대한 본능이 있다.

모든 아이들은 처음 만나는 사물이나 자연을 궁금해 하고 직접 만지려고 한다.

내가 가장 좋아하는 소리 중 하나가 아이들이 밝게 떠드는 소리인데, 어쩌면 자라면서 점점 줄어든 호기심과 경외감을 그리워하기 때문이기도 하다.

당신의 유년기와 소년기를 생각해 보라.

그때 당신에게 세상은 열려 있는 세상이었고, 당신은 호기심에 가득 차서 많은 것을 물어보고 경험하려고 했을 것이다.

이런 우리의 본능은 새로운 것, 새로운 상황, 새로운 삶에 마음을 열고 직접 경험하려는 에너지를 준다.

이 에너지로 우리는 안전지대를 벗어나 경계를 넘어서는 삶을 선택할 수 있다.

당신은 어땠는가? 그리고 지금은 어떠한가?

두 번째 의미는 현재의 삶, 혹은 일에 대해 다시 생각해 보라는 것이다.

당신이 삶의 변화를 기대하고 있다면 혹시 편안한 선택을 했기 때문은 아니었을까?

혹시 위험해 보여서 하지 못했던 선택은 없었을까를 생각해 보라.

위험한 선택도, 안전한 선택도 절대적으로 올바른 것은 아니다.

모든 선택은 안정과 위험 사이에서 이루어진다. 다만 그 정도가 다른 것일 뿐이다.

또한 선택을 하는 시점에 사람이 처한 환경은 선택에 영향을 미친다.

불우한 환경에서 자란 사람은 유복한 환경에서 자란 사람보다 선택지가 좁다.

어떤 경우에는 불가피한 상황에서 선택을 해야 하는 경우도 있다.

중요한 사실은 삶의 가능성을 높이는 선택은 어느 정도 위험하다는 것, 위험해 보인다는 것이고, 안정적인 선택에 치중한다면 우리가 살 수 있는 삶의 가능성과 다양성은 좁아진다는 것이다.

삶은 고정되어 있지 않고 늘 변하기 때문이다.

〈글로벌은행과 알리바바〉

70년대 말 중국에서 태어난 두 명의 젊은이가 있었다. 한 친구는 유복한 환경에서 자랐는데, 일류 대학을 졸업하고는 그 시기에 가장 유망했던 기업 중 하나인 글로벌은행 중국지점에 입사했다.

또 다른 친구는 그다지 유복하지 않은 집에서 태어났고 나름 노력해서 지방대학을 졸업했다. 이 친구의 학력으로는 당시 중국 젊은이들이 선망하는 글로벌기업이나 중국 대기업에 취직하기란 거의 불가능했다.

이 친구는 당시 막 창업기를 지난 매우 작은 기업에 입사했다.

이 친구가 들어간 기업은 마윈(1964~)이 창업한 상거래기업 '알리바바(1999년 창립)'다.

높은 연봉과 지위가 성공 자체는 아니지만, 직장인에게는 큰 성취라고 볼 수 있다. 알리바바에 입사한 청년은 고속성장을 거듭한 알리바바에서 글로벌기업에 입사한 청년과 비교가 어려울 정도로 승승장구했다.

여기서 교훈은 지금 안전해 보이는 선택은 위험한 선택일 수도 있다는 점이다.

정치, 경제, 사회, 문화 등 우리가 살아가는 모든 영역은 늘 변하는 영역이다.

그러므로 모든 선택에는 어느 정도 위험성이 있다.

그 위험을 감안하지 않고 안정만을 추구하는 선택이 오히려 위험한 이유이다.

세 번째 의미는 자신을 불편하게 하는 일의 가치를 생각해 보라는 것이다.

우리는 자신에게 익숙한 일을 잘 알고 있다. 그렇게 생각하고 있다.

"나는 운전을 잘해", "나는 글을 잘 쓰지", "나는 사람들과 이야기를 잘해"…….

또한 내게 불편한 일도 잘 알고 있다고 생각한다.

"나는 사람들 앞에서 말하기가 불편해", "나는 집 밖을 떠나 오랜 기간 여행하는 것이 불편해", "나는 사람들과 갈등을 겪는 일이 불편해"…….

그런데, 이런 불편한 일을 진지하게 생각해 볼 필요가 있다.

왜 나는 그 일을 불편하게 생각하고 있는가?

그 이유를 진지하게 생각해보면, 불편한 일이 진정으로 불편한 이유를 온전하게 설명하기가 어렵다는 사실을 알 수 있을 것이다.

한두 번 해보니 편하지 않았거나 지루함을 느껴서. 그 일을 시도할 상황이 안 되기도 하고, 주위에 나처럼 생각하는 사람들이 많아서. 그 일을 즐길 여유가 없어서. 그 일이 대단히 어려워 보여서…….

정말로 그 일을 어느 정도 해 보기 전에는 그 일이 내게 진짜로 불편한 것인가를 알 수 없다.

모든 일은 경험이고 경험은 지식을 제공한다. 그리고 우리는 경험을 통해 성장할 수 있다.

불편한 일을 쉽게 규정하고 회피한다면 우리는 불편한 일이 줄 수 있는 경험과 성장의 기회를 놓치게 된다.

곧 당신이 살 수 있는 삶의 공간과 가능성을 제한하게 된다.

또한 삶과 일에서 성취를 하려면 불편한 일을 해야 하는 경우가 있다.

사실은 매우 많다.

스태프로 제 몫을 다하면서 공헌하고 있는 직장인이 있다.

일정 시점에서 그 사람은 리더로서 보다 높은 책임을 갖고 일해야 한다.

그런데 리더에게 부여된 일은 스태프의 일보다 높은 수준에 있고 훨씬 복잡하고 어려운 일이다.

특히 동일한 목적의식을 갖고 팀원들이 협력하도록 만드는 일은 매우 중요한 리더의 과업이다.

이 과업을 제대로 하려면 팀원들이 하는 일이 유기적으로 조직되어야 하고, 원활한 소통이 이뤄져야 하며, 일하는 과정에서 생기는 온갖 문제를 시의 적절하게 해결할 수 있어야 한다.

스태프에서 리더로 일하는 것은 분명 불편한 일이다.

그에게 새롭고 무거운 책임을 부여하는 일이고, 발휘되지 않았던 역량을 요구하는 일이기 때문이다.

그러나 그가 리더로서 조직에 공헌하려면 이 불편한 일을 수행해야 한다.

경영사상가 피터 드러커는 '리더는 책임을 지는 사람'이라고 말하기도 했다.

리더는 권위와 지위가 아니라 책임을 지는 사람, 즉, 필요한 일을 불편해도 하는 사람이라는 뜻이다.

불편한 일을 함으로써 우리는 성장하고 보다 넓은 시야와 능력을 가진 사람이 된다.

"나는 안전지대에서 벗어난 일을 시도해 본 적이 있는가?"

이 질문은 당신에게 당신이 원하는 삶의 넓이가 어떤 것인가를 묻는다.

성장하기 위한 경험과 지식을 얼마나 넓게 추구하고 있는가를 묻는다.

이 질문에 대한 답은 오직 당신만이 할 수 있다.

마음 속 깊은 곳에서 당신의 목소리를 들어 보라.

당신 자신을 새롭게 보라.

22

내가 하는 일에서 즐거운 점은 어떤 것이며,
싫어하는 점은 어떤 것인가?

당신은 일하는 것이 즐거운가? 즐겁다면 무엇이 당신에게 즐거움을 주는가?

당신은 일하는 것이 싫은가? 싫다면 무엇이 당신에게 싫증을 느끼게 만드는가?

이 질문이 속편한 질문이라고 생각한다면, 잠시 멈춰서 다음 질문에 대답해 보라.

일을 즐겁게 만드는 것은 일 자체인가? 아니면 당신인가? 일하는 환경인가?

일을 싫어하게 만드는 것은 일 자체인가? 아니면 당신인가?

일하는 환경인가?

현대 사회를 사는 우리들은 가장 많은 시간을 일을 하며 보
낸다.

많은 시간을 보내는 이유는 일에는 분명한 가치가 있기 때문
이다.

우리는 일을 통해 생계를 꾸리고, 사회적 관계를 형성하고, 성
취를 얻고, 자신을 실현한다.

그러니 일을 하는 나는 행복한 경험을 해야 하지 않을까?

일을 하는 가치가 이처럼 분명한데도 일이나 일하는 과정이
힘들거나 불쾌하다면 이는 자연스럽지 않다.

자신을 괴롭히는 경험을 알면서도 하려는 사람이란 있을 수
없기 때문이다.

그럼에도 실제는 그렇지 않다.

많은 사람들이 일을 하면서 힘들어 하고, 또 의욕을 잃기도
한다.

이렇게 되는 데에는 이유가 있다.

첫 번째 이유는 일의 본질에 기인한다.

일은 나와 독립해 떨어져 있는 사물이고 상황이다.

즉, 일은 그 자체의 논리와 프로세스를 갖고 있다.

'마케팅기획'이라는 일을 예로 들어 보자.

이 일은 상품정보를 효과적으로 전달하는 메시지와 방식의 기획, 목표 고객에 적합한 소통채널 기획, 고객의 구매니즈를 환기하는 적절한 캠페인을 기획하는 일이다.

이처럼 일은 여러 개의 과업으로 구성된다.

일을 한다는 것은 일이 요구하는 여러 과업을 제대로 수행하는 활동을 한다는 말이다.

즉, 나의 취향과 선호가 아니라, 일이 요구하는 결과를 내기 위해 그 일이 요구하는 활동과 방식을 찾고 그에 맞춰 내가 일하는 것이다.

- 보고서를 만드는 일은 보고서를 읽을 상대방에게 중요한 내용을 명료하게 전달하고 그가 의사결정을 제대로 하도록 문서를 작성하는 일이다. 즉, 보고서 작성자의 스타일이 아니라 보고서의 스타일에 맞춰, 보고자의 수준에 맞춰 글과 문장을 구성하며 정보를 조직하고 표현하는 일이다. 보고서에 보고자의 개성과 스타일이 담겨야 할 이유는 없다.

- 실험하는 일은 실험의 결과가 객관적이고 유의미한 것임을 입증하기 위해 오류를 야기하는 위험이 제거된 실험환경을 구축하고, 충분한 실험을 시도하고, 타당하고 필요한 정보를 담은 실험보고서를 작성하는 일이다. 실험이라는 일은 실험으로서 타당하고 입증 가능한 실험이라는 요건을 충족해야 한다. 통계실험에서 모집단, 표본, 신뢰성과 오차를 밝히는 것은 이유가 있다.

- 성과가 부진한 팀원에게 리더는 평가결과를 분명하게 전달해야 하고, 그 팀원의 개선을 위해 적절한 동기부여나 자기주도적 개선노력을 하도록 조치를 취해야 한다. 타인을 평가하는 일, 특히 비판적인 평가를 전달하는 일은 인간 본성에 따르면 매우 부담스럽고 힘든 일이다. 그럼에도 회피하거나 적당하게 일할 수는 없다.

　일의 본질은 우리가 선호하거나 편안함을 느끼는 활동을 하는 것이 일하는 것이 아님을 말해 준다.

　일을 한다는 것은 필요한 행동을 한다는 뜻이다.

　이 점은 일과 취미활동의 차이를 생각해 보면 쉽게 알 수 있다.

　책을 읽거나 음악을 감상하거나 아니면 유튜브에서 영상을 보는 활동을 우리는 취미활동이라고 부른다. 이런 활동을 할 때 우리는 우리가 원하는 시간을 정해, 원하는 방식대로, 스스로 조절하면서 활동한다.

　그렇지만 일을 이렇게 할 수는 없다.

　일이란 그 일을 통해 원하는 결과를 얻기 위해 필요한 활동을 하는 것이다. 필요한 활동은 많은 경우에 우리가 편안함, 쾌적함, 만족감을 느끼는 경험과는 다를 수 있다.

　두 번째 이유는, 일에서 진정한 즐거움의 원천인 성취감을 얻는 것은 결과에 달려 있다는 점이다.

물론, 일하는 과정에서 즐거움과 보람을 느끼는 것은 가능하다. 또한 이를 기대하고 추구하는 마음이 잘못된 마음은 아니다.

그러나 일을 통해 얻게 되는 원천적이고 중요한 성취감의 원천은 결과이다.

일을 하는 과정에서 얻는 즐거움과 보람도, 결국은 좋은 결과를 만들고 있다는 기대감을 반영한 것이기도 하다.

일하는 과정이 그다지 어렵지 않고 만족스러움에도 결과가 미흡하다면, 당신이 그 일에서 성취감을 얻는 것은 어렵다.

마지막으로, 일을 하는 환경도 일을 대하는 감정에 영향을 미친다.

가혹한 환경이나 몸과 정신을 지치게 하는 환경을 좋아 할 수는 없다.

또한 함께 일하는 사람과의 관계 또한 상당한 영향을 미친다.

우리들 대다수는 동료, 상사, 부하사원과 함께 일한다.

그리고 고객들과 함께 일한다.

일하는 내가 어떤 관계를 맺고 있는가는 내가 일을 통해 얻는 느낌이나 경험에 영향을 미친다.

이처럼 일을 통해 즐거움과 성취감을 경험하는 것은 자연스럽게 주어지는 것이 아니다.

이 사실은 일을 통해 즐거움과 성취감을 얻으려면 일을 하는 사람이 능동적이고 주체적으로 일을 하려는 어떤 노력이 필요하다는 점을 시사한다.

지금, 당신은 즐거움 속에 일하는가?

즐거움을 주는 요인이 있을 것이다.

그것은 일을 하는 당신의 기대를 실현하는 일을 하고 있거나,

즉, 일에서 의미 있는 결과라는 성취를 얻고 있거나.

함께 일하는 관계에서 신뢰, 인정, 후원을 느끼기 때문일 수 있다.

또한 당신이 몰입할 수 있도록 안전감을 주는 환경일 수도 있다.

반면, 싫증과 지루함, 불쾌감을 느낀다면 위에서 언급한 요인들이 매우 적거나 반대인 상황이다.

요약하면, 일에서 즐거움, 보람, 성취감을 제공하는 요인들은 모두 우리가 원하는 대로 주어지지는 않는다.

그러나 몇몇 요인은 우리가 통제할 수 있다.

일에서 즐거움을 느끼고 행복함을 느끼려는, 즉 그렇게 만들려는 의식적인 태도가 필요하다는 말이다.

이런 태도는 일이란 나에게 무엇이 되어야 하는가를 정하는 것은 그 누구도 아닌 자신의 책임에 속하는 것임을 인정하는 데에서 출발한다.

일은 생계를 위한 노동이자, 나를 실현하는 것이자, 성취하는

삶을 위한 중요한 삶의 영역이다.

우리는 많은 시간을 일하며 보낸다.

그렇다면 일은 내가 추구하는 가치와 부합해야 하고, 성장과 성취라는 중요한 삶의 목표를 실현하는 과정이 되어야 하지 않을까?

정치철학자이자 오토바이 정비사인 매슈 크로퍼드(Matthew B. Crawford, 1965~) 도 이 문제를 고민했다.

다음은 그가 쓴 책 『손으로, 생각하기(Shop Class as Soulcraft: An Inquiry into the Value of Work)』(2009)에서 말한 내용을 요약한 것이다.

그는 시카고 대학에서 정치철학 박사를 받은 후 워싱턴 소재 유명한 회사에 취직했다. 5개월이 지난 후 그는 자신이 한 일에 대해 돈을 받는 이유를 알 수가 없었다. 항상 피곤했으며 자신이 주목할 만한 제품이나 결과가 없는 일을 하고 있다는 생각에 자존감을 잃었다. "나는 항상 피곤했고, 솔직히 월급을 받는 이유를 전혀 이해할 수 없었다. 내가 도대체 누구에게 실질적 상품이나 유익한 서비스를 제공했단 말인가?" 수입이나 주위의 시선은 좋았지만 그는 자신이 점원보다도 못하다고 느꼈다. 그는 깊은 고민을 한 끝에 이 직장을 그만두고 버지니아 주에 있는 한 공장에서 오토바이 정비 일을 시작한다.

매슈 크로퍼드는 직장에서 행복하지 않았다. 개개인의 직원들은 자신은 혼자이여 팀에 아무런 영향도 미치지 못하며, 결국은 수동적이며 무기력하게 변해가고 직장에 의존하는 사람이 되는 현실을 목격했다. 또한 모든 사람이 대학에 가야하고, 대학에 가지 않으면 멍청하거나 무능력하게 비치는 사회는 문제가 있다고 생각했다.

매슈 크로퍼드는 자신에게 의미 있는 일을 하기로 결정했고 오토바이 정비사가 되었다. 다른 사람들의 시선과 박사 학위는 과감히 무시했다. 그가 행복해지기 위해 필요한 것은 손에 기름을 묻히는 일이었다. 현재 그는 오토바이 수리점을 운영하면서 자신에게 가치 있는 일의 의미에 대해 전 세계를 돌며 강연하고 있다.

나는 사무직 일이 따분하며 창조적이지 않다는 크로퍼드의 의견에 동의하지는 않지만, 주어지는 일이 아니라 가치와 의미가 있는 일, 타인의 시선이 아니라 자신의 내면을 따르는 일을 선택하는 용기에는 깊이 공감한다.

"내가 하는 일에서 즐거운 점은 어떤 것이며, 싫어하는 점은 어떤 것인가?"

이 질문은 일을 통해 행복한 경험을 하고 있는가를 묻는다.

그리고 행복한 일을 경험하려면 어떻게 일을 대해야 하는가를 묻는다.

어쩔 수없이 하는 일이란 없다.

당신이 건강한 육체와 온전한 정신이 있다면 당신은 일할 수 있고, 또 일하려고 할 것이다.

어쩌면 당신의 기대에 미치지 못하는 일을 할 수도 있다.

일이란 무엇이든지 일할 수 있는 자격과 기회를 요구하기 때문이다.

그렇지만 당신이 일하는 순간은 당신이 정신과 육체를 몰입해서 일할 것을 요구한다.

그럴 때라야만 일을 통해 결과를 만들고, 성취감을 얻을 수 있고, 일을 통해 지식과 기술을 익히기 때문이다.

그래서 그냥 일한다는 말은 의미가 없는 말이다.

청소를 했다면 청결함을 얻고, 지식을 전달했다면 이해하는 청중을 얻는 것이 일이기 때문이다.

"내가 하는 일에서 즐거운 점은 어떤 것이며, 싫어하는 점은 어떤 것인가?"

이 질문은 당신에게 당신이 하는 일에서 가치와 의미를 분명하게 인식하고 있는가, 실현하고 있는가를 묻는다.

이 질문에 대한 답은 오직 당신만이 할 수 있다.

마음 속 깊은 곳에서 당신의 목소리를 들어 보라.

당신 자신을 새롭게 보라.

5
별과 등대

삶을 안내하는 가치, 의미, 목표

자신이 바라는 삶을 어떻게 만들 수 있을까?
화가가 그림을 그릴 때,
음악가 선율을 그릴 때,
이미 그들의 마음속에는 창작물이 존재한다.
그들은 마음 속 창작물을 바깥으로, 현실로 바꿀 뿐이다.
바라는 삶을 만드는 과정도 같다.
뚜렷하고 강렬한 바람을 먼저 마음에 품고는
현실로 차곡차곡 바꾸는 것이다.
무엇을 삶에서 발견하고 경험하고자 하는가?
무엇이 내가 경험하는 일과 교제와 행동에서 충만감과 성취감을 주는가?
나날이 축제와 같은 삶이라고 느끼도록 하는가?
먼저 마음속에 그 삶을 그려야 한다.

23

내가 매일 침대에서 일어나도록
동기를 부여하는 것은 무엇인가?

당신은 매일매일 즐겁게 일어나는가? 아니면 다소 무거운 마음으로 힘겹게 몸을 일으키는가?

성공한 사람들 대다수는 아침에 깨어나는 일이 즐겁다고 말한다.

가득 찬 열정과 흥분으로 아침을 맞이한다고 덧붙이면서.

미국 메타(Meta, 기존 페이스북)를 창업한 마크 저커버그(Mark Zuckerberg, 1984~)는 이 질문에 이렇게 대답했다.

"나는 새롭고 혁신적인 무엇을 창조한다는 도전과 기술이 세계를 보다 좋은 곳으로 만들 수 있다는 신념에 동기를 부여받습니다."

이 사람은 어떻게 해서 이런 아침을 맞이할 수 있을까?

그들에게는 모든 일과 모든 경험이 늘 자신을 즐겁게 하는 것이고 매일이 축복과도 같은 하루인 걸까?

직장인들에게는 월요병이 있다. 월요일만 되면 머리가 무겁고, 가슴이 답답하며 통근시간이 짧든 길든, 사무실로 가는 발걸음이 무겁게 느껴지는 병.

오랜 직장생활을 했던 나도 이 병을 겪었다.

그런데, 병에는 원인이 있고 치료법이 있으니 이 월요병을 제대로 생각해 보자.

내가 어떻게 하루를 보내든지 그 시간은 나의 하루다.

내가 경험하는 일상이 기쁘고 즐거우며 행복하기를 바라는 마음은 진실하다. 그리고 그런 하루를 경험하는 건 나를 행복하게 하는 소중한 일이다.

명확한 진단이 우선이다. 왜 직장인은 이 병을 겪게 되는가?

성공한 사람들은 언제나 즐거운 걸까? 그들에게는 어떤 특별한 체질이나 비법이 있는 걸까?

독일의 철학자인 쇼펜하우어(Arthur Schopenhauer, 1788~1860)는 인간에게 있어 가장 행복한 감정은 '명랑함'이고, 가장 불행한 감정은 무료함이라고 말했다.

만일 우리가 직장에 긍정적 기대가 있다면, 출근해서 우리를 즐겁게 하고 흥분시키는 경험을 할 것이라고 기대한다면 우리는 행복한 감정에 침대를 박차고 나올 것이다.

월요병은 우리가 일과 직장에서 얻을 경험에 부정적 기대가 크기 때문이다.

이런 기대를 갖게 된 이유는 분명히 있다.

쉽게 풀리지 않는 일을 해야 하는 부담감, 원하는 보상에 훨씬 못 미치는 일, 일하는 과정에 들어가는 노력의 양, 관계가 그다지 좋지 않은 상사와 동료, 냉정한 직장문화 등……

이런 상황과 현실은 가볍지 않다. 그렇지만 이 이유들에게 모든 책임을 돌리면 충분할까?

월요병은 다른 무엇보다 내가 일과 조직에 부여하는 의미가 없거나 적기 때문에 생긴다. 이를 부인하기는 어렵다. 앞서 말한 요인들이 의미에 영향을 줄 수는 있지만 말이다.

"내가 매일 침대에서 일어나도록 동기를 부여하는 것은 무엇인가?"

이 질문에는 두 가지 의미가 있다.

첫 번째는 내가 경험하는 일에 대해 나는 어떤 의미를 부여하고 있는가이다.

혹시 당신이 의미가 없다고 생각하거나 혹은 매우 적은 의미만을 부여하고 있다면 생각해 보자.

그 이유는 무엇인가?

기대보다 적은 보상, 위험하고 불쾌한 업무환경, 동료와의 갈등, 혹은 발전 가능성 없는 일이라는 생각……

또는 자신이 중시하는 가치와 갈등하는 일을 하고 있다는 생각……

그 어떤 것이든 이유는 맞다. 당신이 생각하는 의미 있는 일에 대한 기준에 따라 현실을 판단하고 있는 것이니까 말이다.

문제는 '왜 지금 당신에게 의미가 크지 않은 그런 일을 하고 있는가?'에 대한 당신의 답변이다.

그리고 만일 당신이 부여하는 당신의 가치가 낮아서 이 일을 하고 있을 뿐이라는 답변을 한 것이라면 진지하게 자신과 일에 대해 생각해 보기 바란다.

당신의 가치는 항상 고정된 것이 아니라 변할 수 있는 것이기 때문이고, 이는 모든 인간에게 부여된 성장하는 힘이 당신에게도 있기 때문이다.

내가 성장하는 존재라는 사실을 부인할 수 있는 사람은 없다.

지금 당신이 이 일을 하게 된 것은 당신이 지식을 얻고, 건강한 몸을 만들었기 때문이지 않은가?

당신이 성장한다면 당신의 가치는 향상된다. 이는 부인할 수 없는 사실이다.

의미 있는 일을 원한다면 먼저 자신을 성장시키려는 노력을 해야 한다.

두 번째는 의미 있는 경험을 얻기 위해 어떤 노력을 하고 있는가이다.

이 세상에 똑같은 일이란 없다.

그리고 우리의 경험도 똑 같지 않다.

미국 인권운동의 지도자로 헌신한 마틴 루터 킹(Martin Luther King Jr, 1929~1968)이 한 말이다.

"만일 청소부로 불리는 어떤 사람이라면, 그는 미켈란젤로가 그림을 그리듯이, 혹은 베토벤이 작곡을 하듯이 혹은 셰익스피어가 시를 짓듯이 거리를 청소할 수 있어야 한다. 그는 거리를 너무나도 깨끗한 게 청소해서 하늘과 땅에 있는 신들이 "여기에 자신의 일을 탁월하게 수행하는 위대한 청소부가 있다고 말할 수 있도록 일해야 한다."

이렇게 일하는 청소부와 그저 하루의 노동량을 마치기 위해 일하는 청소부가 있다면, 이들은 자신이 하는 일을 어떻게 경험할까? (청소부가 하는 일을 비하하는 말이 아님을 이해하기 바란다.)

분명하게 각자가 경험하는 일은 다르다. 그리고 경험의 질이 다르다.

당신은 매일매일 자신이 하는 일을 어떻게 경험하는가?

지루한가? 소진시키는가? 아니면 성취감을 느끼는가? 성장하고 있다고 느끼는가?

모든 일에 완벽함이란 없다. 그러나 좀 더 잘 할 수가 없는 일이란 없다.

스포츠의 세계는 이 사실을 명확하게 알려준다.

인간의 몸과 정신을 구성하는 재료는 한 번도 바뀌지 않았다.

그러나 마라톤, 높이뛰기, 달리기, 멀리 던지기 등 세계 기록은 계속 좋아지고 있다.

기록을 높이려는 인간의 노력이 더해 졌기 때문이다.

당신이 하는 일이 어쩔 수 없는 조건 때문에 선택한 일이라고 하더라도,

그 일을 통해 당신이 얻을 경험은 당신의 선택에 달린 것이다.

의미를 부여하는 것도 당신의 선택에 달렸다.

"내가 매일 침대에서 일어나도록 동기를 부여하는 것은 무엇인가?"

이 질문은 당신이 하는 일에 대해 스스로 부여하는 의미가 무엇인가를 묻는다.

그리고 의미 있는 일을 하려는 당신의 노력은 충분한가를 묻는다.

이 질문에 대한 답은 오직 당신만이 할 수 있다.

마음 속 깊은 곳에서 당신의 목소리를 들어 보라.

당신 자신을 새롭게 보라.

24

내게 삶의 목적은 무엇이며
그것을 성취하기 위해 어떻게 노력하고 있는가?

경영학자이자 철학자인 영국의 찰스 핸디(Charles Handy, 1932~)가 저술한 『삶이 던지는 질문은 언제나 같다』에는 그와 사진작가인 그의 부인이 사람들을 만나 사진작업을 하는 이야기가 나온다.

이들은 사람들을 만나 자신을 가장 잘 표현하는 물건 다섯 가지를 제출하고 그것을 사진으로 만드는 일종의 인생프로그램을 진행했는데, 다음은 어느 잘 나가는 사업가와 작업한 이야기이다.

그는 당신을 가장 잘 표현하는 물건은 무엇인가라는 질문을 받고는 망설임도 없이 "돈이지요." 라고 말하고는 지갑을 꺼내

놓았다.

그러나 잠시 뒤, 그는 그것이 아니라고 말하고 골똘하게 자신을 표현하는 물건을 고민한다.

그는 지갑이 나를 표현하기에는 무엇인가 부족하고 자신이 삶의 소중한 가치를 놓치고 있음을 자각한 것이다.

"당신에게 삶의 목적은 무엇인가?"

이 질문은 당신이 삶에서 성취하고 싶고 경험하고 싶은 가장 원대한 무엇을 묻는 질문이다.

아직 삶의 목적을 깊이 생각해 보지 않았다고 자책하지는 말기를 바란다.

삶의 목적이란 쉽게 발견되는 것이 아니기 때문이다.

현재, 당신에게 삶의 목적이 명확하지 않다면, 먼저 삶의 목적이 왜 필요한가를 생각해보라.

굳이 살아가는데 목적이 필요한가?

"나는 하루하루 일상을 살기도 힘들어요. 내게 목적이란 사치스러운 것 같습니다."

"뭐, 대단한 목적이 꼭 필요할까요? 원하는 직업을 갖고 일하면서, 좋아하는 사람들과 사랑과 친밀감을 나누며 살아가면 되지 않을까요?"

내가 대화를 나눴던 몇몇 사람들이 내게 해 준 말이다.

때때로 삶의 조건이 가혹할 때가 있다.

건강이 악화되거나, 경제적 어려움을 겪거나, 사랑하는 사람을 잃을 수도 있다.

많은 노력을 했던 작업이 실패로 끝날 수도 있다.

이런 상황을 겪은 사람에게 삶의 목적을 생각하는 일이란 오지 않을 미래를 꿈꾸는 일처럼 여겨질 수 있다.

어쩌면 원대한 목적이 꼭 필요한 것인가에 대해 의문을 가질 수도 있다.

또는 주어진 조건에서 최선을 다해 일하면서 살아가는 삶에 만족할 수도 있다.

그렇지만 조금 더 생각해보자.

삶이란 재고(stock)가 아니라 과정(flow)이다.

즉, 삶이란 '내가 바라는 삶'을 추구하는 과정이다.

이 과정은 늘 추구하는 것이지, 일시적으로 양보하고 미루는 과정일 수는 없다.

오늘은 행복하고 내일은 불행하기를 기대할 수는 없기 때문이다.

바라는 삶을 추구하는 과정에서 우리는 바라는 삶의 조건을 만들고 구축해 간다.

원하는 공부를 하고, 원하는 직장에서 원하는 일을 하면서 성취하고, 원하는 사람들과 교제하고, 작품을 만들고 창작하고, 기쁜 경험을 하는 것이다.

또한 이 과정은 "스스로 되기를 원하는 나"를 만들어 가는 과정이기도 하다.

'내가 바라는 나'와 '내가 바라는 삶'이 따로 있는 것이 아니다.

이 둘은 분리할 수 없다.

고대 이스라엘 솔로몬 왕의 판결에 나오는 이야기처럼 둘로 나눌 수 있는 아이가 아니다.

가족을 부양하기 위해 애쓰는 가장은 경제적 풍요를 목적으로 하면서, 동시에 가족을 사랑하고 가족이 행복한 삶을 살도록 돌보는 나로 살아가는 것이다.

'내가 바라는 삶, 내가 바라는 나'를 모아서 표현하는 말이 바로 삶의 목적이다.

삶의 목적이 있기에 우리는 원하는 삶의 조각을 만들어 갈 수 있다.

다만, 항상 바라는 대로 삶의 조건이 이뤄지지는 않기에 우리는 실망하고 좌절하고 실패하는 것이다. 그러면서 바람을 실현하고 만들어 간다.

이런 삶의 경로는 자연스러운 일이다.

삶에서 실망과 좌절, 실패를 피할 수는 없기 때문이고 삶은 한편으로 이를 이겨내면서 원하는 삶을 살아가는 과정이기 때문이다.

삶의 목적은 원하는 삶을 살도록 돕는다.

고갈되지 않는 에너지이고 동력장치이고 날개이다.

삶의 목적이 있기에 우리는 가혹한 삶의 조건을 이겨낼 수 있고, 필요한 용기를 가질 수 있다.

주위를 둘러보라.

자신이 바라는 삶을 살아가는 사람들 대다수는 가혹한 삶의 조건을 바꾸기 위해 행동하고 노력한 사람들이다.

또한 삶의 목적은 삶에서 주인으로서 살아가는 핵심장치다.

만일 바라는 삶이 없다면, 내가 살아가는 그 어떤 상황이란 모두가 내게 주어지는 것들로만 이루어진 삶일 것이고, 그것을 진짜 내가 살아가는 삶이라고 할 수 있을까?

이런 사람은 소파에 앉아서 이리저리 TV 리모컨을 누르는 사람과 다를 바가 없다.

어떤 프로그램이 나올지를 모른 채로 주어지는 프로그램을 시청하는 일은, 자신의 시간을 제대로 쓰는 것이 아니고 자신의 삶을 사는 것이 아니다.

삶의 목적은 시간을, 나의 인생을 비로소 나의 것으로 만들어 준다.

파키스탄의 여성교육운동가이자 현재까지 세계 최연소 노벨상 수장자인 말라야 유사프자이(Malala Yousafzai, 1997~)는 삶의 목적을 묻는 질문에 이렇게 대답했다.

"내 인생의 목적은 소녀들의 교육과 여성의 동등한 권리를 위해 일하는 것입니다. 나는 이를 사람들에게 알리고, 정책 변화를 촉구하고 이 목표를 향해 일하는 조직을 지원하기 위해 노력하고 있습니다. "

이런 목적을 가졌기에 그녀는 무자비한 테러집단인 탈레반이 여학생들을 학교에서 쫓아내는 현실을 고발하고, 여성교육을 옹호하는 운동을 자신의 의지로 시작했다.

그녀는 이 과정에서 암살시도를 겪기도 했지만 포기하지 않았다.

나는 사회적 대의를 향한 목적만이 의미 있다고 말하는 것이 아니다.

삶의 목적이 주는 용기와 힘을 말하는 것이다.

지금 다른 누구도 아닌 당신의 삶의 목적을 생각해보라.

다음은 "삶의 목적을 성취하기 위해 어떤 노력을 하고 있는가?"를 생각해보자

이 질문은 마음 속 목적과 현실 속 행동이 얼마나 일치하고 있는가를 질문한다.

거위와 펭귄은 모두 새에 속하는 동물이다. 이들에게는 날개가 있다.

그런데 이들 모두가 하늘을 날지 못한다.

이들은 왜 날개를 펼치지 못하게 되었을까?

흔한 설명은 편안하게 안주해서 그렇다고 말한다.

굳이 비행하는 수고를 해가며 먹이를 찾을 필요가 없어져서 그렇게 생활하다 보니, 날지 못하게 되었다는…….

나는 다른 설명을 하고 싶다.

바로 목적과 행동의 불일치.

날개는 날기 위한 장치다. 곧, 날개의 목적은 '비행'이다.

비행을 하지 않게 되면, 날개는 장치로서 효용을 상실한다.

몇 번은, 아니 수십 번은 날지 않는다고 해도 날개로서 기능을 잃지는 않았을 것이다.

그런데, 오랜 시간이 흘러 날개는 기능을 잃은 것이다.

거위와 펭귄은 평상시에 날개를 사용했어야 했다. 하루에 한 번이라도 비행을 한다면 거위와 펭귄은 여전히 날 수 있었을 것이다.

목적을 향한 삶은 스포츠 경기처럼 시합 날이 따로 정해져 있지 않다.

늘 일상생활에서 목적을 향해 조금씩 움직이는 것이다.

건강하고 평화롭게 사는 삶을 원한다면, 늘 몸을 건강하게 쓰고, 건강을 해치는 행동을 조심하며, 건강을 돕는 활동을 하고, 갈등과 대립을 피하는 삶을 살아야 한다.

직업인으로서 최고 수준의 전문가로 일하고 싶다면, 늘 배우고 익혀야 한다.

공인으로서 사회발전에 기여하고 싶다면, 사회의 미래에 대한 깊은 고민과 문제해결을 위한 유용한 능력을 기르고, 사람들이 신뢰할 수 있는 인격을 갖추기 위해 노력해야 한다.

미국의 최고액 현금인 100달러에 나오는 인물은 벤자민 프랭클린(Benjamin Franklin, 1706~1790)이다.

그는 미국 독립을 이끈 지도자이자, 피뢰침을 발명한 과학자, 대학을 세운 교육자로 삶을 살았다.

작은 가게를 운영하던 가난한 집에서 태어나, 정규교육은 2년밖에 받지 못했으며, 17세에 형이 운영하는 인쇄소의 견습사원으로 일했던 프랭클린은 어떻게 이런 삶을 살아갈 수 있었을까?

그에 따르면 프랭클린은 "정당하게 벌어서, 지혜롭게 쓰고, 기쁘게 나누며, 만족스럽게 사는 것"을 인생의 목표로 삼았다"

이런 인생으로의 전환을 이끈 중대한 모멘텀이 있었다.

20대 초반의 젊은 프랭클린은 13가지 덕목을 평생 실천하기로 결심한다.

절제, 질서, 근면, 진실, 결단, 겸손 등 13가지 덕목을 평생 실천하기로 결심했고, 매일 매일 이 덕목을 실천하기 위해 노력했고, 자신을 점검했다.

프랭클린은 "일주일마다 하나의 덕(예: 절제)을 실천하고 13주일 만에 13개의 덕을 모두 익혔다. 하루 24시간도 철저하게 관리해 허튼 시간을 극소화했다. 밤 10시에 취침해 오전 5시에 일어나는 생활도 평생 실천했다."고 자서전에서 밝혔다.

프랭클린은 자기 자신을 제대로 경영하기 위해 최선을 다했다.

그는 자신이 결심한 삶의 목적과 일치하는 행동을 하는데 최선을 다했다.

"내게 삶의 목적은 무엇이며 그것을 성취하기 위해 어떻게 노력하고 있는가?

이 질문은 당신이 스스로 정한 목적에 얼마나 진지한 초점을 두고 있는가를 묻는다.

그리고 목적을 성취하기 위해 한 걸음 한 걸음 걸어가는 노력을 충분하게 하는가를 묻는다.

이 질문에 대한 답은 오직 당신만이 할 수 있다.

마음 속 깊은 곳에서 당신의 목소리를 들어 보라.

당신 자신을 새롭게 보라.

25

나에게 성공이란 무엇을 의미하는가?

"당신에게 성공이란 무엇을 의미하는가?"

이 질문은 당신이 가장 간절히 원하는 무엇, 당신 자신을 최선의 존재로 만드는 무엇을 묻는 질문이다.

이 질문에 대해 같은 답변은 없겠지만 대체로 사람들은 두 가지 양식으로 답변을 한다.

첫 번째는 자신과 떨어져 있는 어떤 대상을 가리킨다.

부, 명예, 지위, 권력, 존경은 대표적인 대상이다.

성공은 이런 대상을 많이, 그리고 크게 소유하는 것이다.

두 번째는 자신과 결합된 어떤 대상을 가리킨다.

내가 중시하는 가치, 내가 열정을 느끼는 가치가 실현되고 있음을 알려 주는 대상이다.

그것은 자신에 관한 것(지혜롭고 많이 배우고 좋은 사람)이거나 뛰어난 창작물이나 사랑하는 사람, 혹은 공동체나 사회일 수도 있다.

성공은 내가 품은 가치가 올바름을 말해주고, 가치가 실현되고 있음을 드러내고, 가치를 실현하는 삶에서 느끼는 행복이다.

이 말이 앞서 말한 외부적 대상에는 가치가 없다고 말하는 것은 아니다.

어떤 사람이 외부적 대상을 추구하는 것은 그 대상에 대해 가치를 부여하기 때문에 추구하는 것이다.

소유하고 싶어서, 누리고 싶어서 추구하는 일은 잘못이 아니다.

다만, 대상 자체가 아니라 그가 부여했기 때문에 대상의 가치가 좌우된다는 점이, 자신과 결합된 대상을 추구하는 것과 다를 뿐이다.

1억 원의 가치와 10억 원의 가치는 10배가 나는 것인가?

100명의 팬과 100만 명의 팬을 가진 연예인은 성공의 크기가 1만 배 다른 것인가?

외부 대상의 가치는 절대적이지 않다. 우리가 부여하는 가치에 따라 달라질 뿐이다.

즉, 외부적 대상에 대한 가치는 상대적인 것이다.

그럼에도 절대적 가치를 부여한다면 왜 그것에 그만한 가치를 부여하는지를 생각해 봐야 한다.

본래 가치란 우리 마음 속 내면에서 발견하고 품는 것이다.

그래서 그것은 내게 절대적인 것이고, 나 자신의 정체성이기도 하다.

그런 가치는 삶의 조건과 상황이 달라도 추구하는 가치다.

바로 이런 가치를 추구하는 순간순간이 성공하는 경험을 만든다.

성공이란 내가 바라고 추구하는 가치대로 살고 있고, 일하고 있을 때만 얻을 수 있는 경험이기 때문이다.

독일 태생의 미국 심리학자 에리히 프롬(Erich Fromm, 1900~1980)은 "소유냐? 존재냐?"라는 말로 인간이 추구해야만 하는 삶의 목적을 질문했다.

존재는 고유하고 바뀌지 않는 실체이고, 소유는 변화되는 임의적인 대상이다.

그에 따르면 가치를 추구하는 삶에서 인간은 존재가 된다.

결국 성공에 대한 당신의 정의를 묻는 질문은 삶의 목적을 물어 보는 것이고, 당신 내면의 가장 중요한 가치를 인식할 때만 이 질문에 대답할 수 있다.

나는 무엇을 가장 소중하다고 생각하는가?

외부적 대상에 큰 가치를 부여하고 있다면, 왜 그런 것인지를 생각해 보자.

외부적 대상은 무가치한 것이 아니다.
우리는 먹어야 하고 입어야 하고 따뜻하거나 시원한 공간을 필요로 한다.
그리고 타인의 인정을 또한 필요로 한다.
부, 명예, 인정, 권력은 무가치한 것이 아니다.

다만, 이런 대상이 절대적인 것으로 의미가 부여되었을 때,
우리는 다른 소중한 가치를 훼손할 수 있고 자신을 희생할 수 있다.
이런 대상은 많고 커야 한다. 얼마나 많이 소유해야 충족감을 줄 수 있을까? 이 대상에 가장 높은 우선순위를 둘 때 우리는 길을 잃어버릴 수 있다.
이런 대상을 최대한으로 얻기 위해 노력하는 삶의 과정에서 우리가 경험하는 순간순간은 유보된 삶이고, 성공을 경험하는 삶이 아니고, 다만 인내하고 참는 순간일 뿐이다.

이들 대상은 삶에 필요한 것이지, 절대적인 것이 아니다.
삶의 목적을 이런 대상에 둔다면, 사실 이런 사람은 부와 권

력, 지위를 위해 사는 것이지, 자기 자신을 위해 사는 것이 아니다.

나 자신과 외부적 대상을 비교한다면, 누가 더 소중할까?

그 어떤 사람도 자신이 다른 무엇보다 덜 중요하다고 생각할 수는 없다.

여러 성공한 사람들에게 같은 질문을 했다.

영국의 기업가인 리처드 브랜슨(Richard Branson, 1950~)은 "나에게 성공이란 내 가치와 열정에 충실한 삶을 사는 것을 의미합니다. 성공이란 재미를 느끼고, 위험을 감수하고, 세상에 긍정적인 영향을 미치는 것입니다." 라고 말했고,

세계적인 투자가인 미국의 워렌 버핏(Warren Buffett, 1930~)은 "성공이란 당신이 좋아하는 일을 하고 정말 잘하는 것입니다." 라고 말했다.

세계적인 베스트셀러 작가이자 동기부여전문가인 미국의 토니 로빈스(Tony Robbins, 1960~)는 "성공이란 원하는 일을 원하는 시간에 원하는 곳에서 원하는 사람과 원하는 만큼 하는 것입니다. 성공은 당신이 정의하는 대로 삶을 사는 것이고, 당신이 하는 모든 일에서 의미와 목적을 발견하는 것입니다."라고 말했다.

이건희 삼성그룹 전 회장은 "성공은 얼마나 많은 돈을 벌고 얼마나 유명해졌는지가 아니라 얼마나 사회에 기여하고 다른 사람들에게 긍정적인 영향을 미칠 수 있는지에 달려 있습니다."라고 말했다.

세계적인 보이밴드인 한국의 BTS는 "성공은 최고가 되는 것이 아니라 자신의 최고 버전이 되는 것입니다."라고 2018년 UN 연설에서 말했다.

이들이 말한 내용은 다르지만 공통점이 있다.

그것은 성공이란 자신에게서 정의된다는 점이다: 나의 가치, 열정, 내가 좋아하는 일…….

100권 이상의 에세이, 소설, 시를 쓴 미국의 크리스토퍼 몰리(Christopher Morley, 1890~1957)는 "오직 한 가지 성공이 있을 뿐이다. 바로 자기 자신만의 방식으로 삶을 살아갈 수 있는가이다."라고 말했다.

여러 사람들이 말하는 성공에 대해 당신이 동의하느냐는 중요하지 않다.
성공이란 그 무엇보다도 당신의 성공이다.
당신이 삶에서 추구하고 실현하려는 무엇이다.

성공의 정의를 당신이 내리지 않는다면, 당신은 결코 성공을 이룰 수는 없을 것이다.

　그곳이 어디인지를 알아야 그곳에 갈 수 있을 것이라는 뜻이다.

　그러니 당신만의 성공에 대해 정의를 내려야 한다.

　"나에게 성공이란 무엇인가."

　이 질문은 묻는다.

　당신에게 삶의 전 과정을 통해서 추구하는 가치가 무엇인지를, 그리고 최선의 당신은 어떤 존재인지를 묻는다.

　이 질문에 대한 답은 오직 당신만이 할 수 있다.

　마음 속 깊은 곳에서 당신의 목소리를 들어 보라.

　당신 자신을 새롭게 보라.

26

내가 진정으로 믿는 소중한 가치는 무엇인가?

당신이 주최한 파티에서 술에 취한 손님이 작별 인사를 하고 서는 그가 타고 온 차를 운전하려고 한다면, 당신은 그가 운전하 지 못하도록 막겠는가? 만일 그렇다면 그가 운전을 하지 않도록 어느 정도로 그를 막으려고 할 것인가? (Gregory Stock, 'The Book of Questions: Business, Politics, Ethics', 1991, Workman Publishing Company)

"내가 진정으로 믿는 소중한 가치는 무엇인가?"

이 질문은 진정으로 당신이 믿고 지지하는 신념을 묻는 질문 이다.

가치는 인간이라면 누구나 가져야 하는 삶의 원칙이자 지향점이다.

가치가 없이 사는 삶은 방향과 목적지가 없는 방랑자의 삶과 같다.

당신이 시간을 들여 땀 흘리고, 그것을 위해 다른 것을 포기할 수 있는 그것, 그것이 가치이다.

이 질문에는 세 가지 의미가 담겨 있다.

첫 번째 의미는, 주인으로서 삶을 살기 위해서는 가치가 필요하다는 것이다.

우리가 가치를 모를 수는 있어도 가치가 없을 수는 없다.

당신이 삶을 살아가는 이유는 무엇인가?

그저 시간이 주어져서, 그저 태어났기에 사는 것은 아닐 것이다.

당신은 삶의 의미를 느끼고 싶어 하고, 또한 느껴야 한다.

가치는 이 의미의 바탕을 이루는 영혼 깊은 곳에 있는 보석과도 같다.

만일 가치가 없다면, 혹은 가치를 모른다면 당신 삶의 주인은 당신이 아니고, 타인이나 외부 상황일 것이다.

가치는 삶의 주인으로서 자유인으로서 당신을 말해 주는 정체성이다.

당신이 이런 가치에 대해 혼란을 느끼고 있다면 아래와 같은 가치를 검토해 보라.

정신적으로 육체적으로 건강함

사랑하는 사람들과의 관계

물질적 부유함

마음의 평화

아름다움을 드러내는 창작물

개인적, 영적 성장

함께 살아가는 공동체

두 번째 의미는, 가치는 당신이 이를 받아들이고 믿는 어떤 것이어야 한다는 점이다.

가치는 취향이나 선호가 아니다. 식당에서 골라먹는 메뉴가 아니라는 뜻이다.

상황이 바뀌면, 혹은 조건이 바뀌면 달라 질 수 있는 것이라면 그것은 가치가 아니다.

가치는 당신에게 의미와 중요성을 주기 때문에 당신이 받아들이는 무엇이다.

이런 가치는 삶의 목적, 의미, 행동의 준칙이 된다.

자유를 중시하는 사람은 그렇지 않은 사람보다 민감하게 타인의 간섭을 느낀다. 그는 자신이 자유를 사랑하는 사람임을 알고 있고, 일상생활과 행동에서 자유를 구현하기 위해 노력한다. 그는 새장이 아니라 세계를 바라고 행동한다.

세 번째 의미는 당신은 가치대로 살고 있는가를 묻는 것이다.

가치는 나에게 절대적인 것이다. 만일, 상황에 따라 바뀔 수 있는 것이라면, 그것은 그때그때 사용되는 도구일 뿐이다.

가정에서는 가족을 아끼고 돌보는 가장이, 일터에서는 다른 사람을 존중하지 않는다면 그것은 가치가 아니다.

배려를 중시하는 사람이, 사람에 따라 대우를 다르게 하고 말을 다르게 한다면, 그것은 가치가 아니다.

또한 가치는 모든 사람에게 동일한 보편타당한 어떤 것이 아니다.

인간인 우리는 각자의 가치를 가질 수 있고, 이것은 각자에게는 다양한 가치가 가능하다는 것을 뜻한다.

그렇지 않다면, 가치가 삶을 살아가는 지향점일수도, 의미와 목적을 제공하는 삶의 원천일 수가 없을 것이다. 내 것이 아니기 때문이다.

당신의 가치를 찾아야 하는 이유이다.

당신은 가치대로 살고 있는가?

이 질문은 삶의 전 영역에서 가치를 충분하게 구현하고, 정직하게 가치대로 행동하는 삶을 묻는 것이다.

우리는 삶의 여러 영역에서 가치대로 사는 삶을 살기 위해 노력해야 한다.

가치대로 살지 못하는 것은 자신을 분리하는 일이자 내 삶의 단절을 야기한다.

여기서는 이런 가치로 살고, 다른 곳에서는 이 가치대로 살고, 오늘 살아가는 가치가 내일과 다르다면, 이런 삶은 분리될 수밖에 없다.

가치대로 살아가는 삶이 쉽지는 않다.

때때로 가치를 온전하게 실현하기 어려운 상황도 있다.

다른 사람의 가치와 갈등을 겪을 수도 있으며, 관계가 어려운 상황도 겪을 수 있다.

조직에 속한 사람이라면 조직의 가치와 나의 가치가 달라 어려움이 있을 수도 있다.

부모, 스승, 나의 가치가 달라 힘든 상황을 맞이하기도 한다.

그러나 가치대로 사는 삶은 편안함이 아니라 나로서 살아가기 위한 것임을 기억해야 한다.

가치대로 사는 삶에 갈등은 따를 수 없는 것임을 이해해야 한다.

가치를 따르는 삶은 용기가 필요한 일이다.

진정으로 믿는다는 것은 말을 넘어 행동으로 구현하는 것이기 때문이다.

당신에게는 소중한 가치가 있는가?

쉽게 답할 수 없다고 해서 자신을 책망할 필요는 없다.

가치는 쉽게 발견되는 것이 아니기 때문이다.

인간으로서, 그리고 한 사람의 개인으로서 당신이 삶을 경험하고, 의미와 목적을 찾고자 할 때 비로소 탐색이 시작된다.

그리고 가치 탐색은 한 번에 끝나지 않는다.

스스로 이해하고 스스로 선택하는 믿음이기 때문이다.

〈아우구스티누스(Augustinus Hipponensis, 354~430) 이야기〉

매우 오래전에 살았던 아우구스티누스는 기독교에서는 성자로 추앙받는 인물이다. 방탕아에서 성인으로 극적인 삶의 전환을 보여주는 역동적인 인물이기도 하다.

아우구스티누스는 그가 쓴 『고백록』에서 젊은 시절을 방탕하게 살았다고 고백했다. 그는 청년기에 자만, 허영, 질투, 자기만족, 정욕 등 여러 욕망과 유혹을 추구하면서 동거녀와 사생아를 낳기도 했고, 양아치라고 말할 정도로 방탕한 생활을 했다. 그럼에도 그는 삶의 전환을 만들어 내는데, 이 전환은 그가 평생의 가치로 삼을 가치―신에 대한 사랑, 구원, 평화―를 발견하고 받아들였기 때문이다. 초기 기독교 사상을 정립한 대철학자이자 많은 사람들에게 감화를 미친 성인으로 인정받게 되는 그의 삶과 업적은 이런 전환을 거친 뒤에 이루어졌다.

그처럼 당신도 자신을 정직하게 바라보고, 삶의 중심으로 삼을 가치를 찾기 위해 노력한다면 그것을 찾을 수 있다.

때로 가치는 나의 마음이 주의를 기울이고, 감정에 긴밀한 영향을 미치는 어떤 경험에 숨겨 있기도 하다.

- 내가 신경 쓰는 대의명분이나 나의 창의적인 기운을 북돋우는 것
- 나를 당황스럽게 하거나 내 피를 끓게 만드는 것
- 나를 슬프게 하고 눈물 나게 하거나 분노하게 하는 것
- 내가 친구들과 항상 이야기 하는 이슈거리
- 내가 존경하는 사람을 좋아하는 이유, 그가 대변하는 어떤 것

"내가 진정으로 믿는 나의 가치는 무엇인가?"
이 질문은 묻는다.
당신 내면의 가장 깊은 곳에서 삶을 관통하는 주제로서 당신이 추구하는 의미를 묻는다.

이 질문에 대한 답은 오직 당신만이 할 수 있다.
마음 속 깊은 곳에서 당신의 목소리를 들어 보라.
당신 자신을 새롭게 보라.

27

내가 향후 5년 동안에 실현하고 싶은 목표는 무엇인가?

누구나 성인으로 성장하는 과정에서는 먼저 정해진 삶의 경로를 따라 간다.

첫 경로는 학생으로 시작하는 경로다.

6-3-3-4, 합해서 16년을 우리는 학교에서 학생으로 배우는 과정을 밟는다.

학생시절에는 좋은 성적을 받고 보다 좋은 학교로 이동하는 것이 목표다.

경로는 정해져 있었고, 우리는 그 경로를 잘 따라가면 되었다.

그리고 첫 번째 갈림길을 마주하고 선택하는 지점이 온다.

학교에서 사회로 나가는 갈림길.

직업과 직장을 선택하는 갈림길이다.

우리는 갈림길에서 좋은 직업, 좋은 직장을 생각하고 이를 실현하리라 기대하는 직업과 직장을 선택한다.

그리고는…….

두 번째 갈림길을 맞는다.

두 번째 갈림길은 첫 번째 선택에 따른 결과에 따라 만들어진 갈림길이다.

어떤 사람은 직업을 다시 찾거나 직장을 새로 찾는다.

어떤 사람은 첫 번째 직업이나 직장에 만족하고 있다.

그런데 선택한 직업과 조직에서 상당 기간 일해도 갈림길은 만들어 진다

직무를 바꾸고, 보다 높은 책임을 갖는 자리로 가게 된다.

또는 전문가로 일하다가 창업을 해서 기업가로 일할 수도 있다.

이렇게 늘 삶에서 갈림길은 주어지고, 또 우리가 만들기도 하면서 삶이 진행되는 것이다.

목표는 이런 삶의 경로를 만드는 기준이다.

우리에게 목표가 없다면, 우리는 주어진 상황에 적응하며 살아갈 뿐이고

적극적으로 살아갈 경로를 정할 수 없다.

우리는 적극적으로 목표를 수립하고, 목표를 실현하는 삶의 경로를 스스로 발견해고 개척해야만 한다.

"내가 향후 5년 동안에 실현하고 싶은 목표는 무엇인가?"

이 질문은 당신이 생각하는 삶의 경로가 무엇이며, 어디로 가고 싶은가"를 묻는 질문이다.

왜 1년도, 3년도 아니고 5년일까?

5년이라면 충분하게 큰 목표를 생각할 수 있기 때문이다.

그리고 큰 목표를 생각해야만 보다 충실하게 삶을 만들어 갈 수 있기 때문이다.

목표는 삶과 일에서 중대한 계기를 만들어 주는 변화이다.

그리고 성장을 이끄는 힘이기도 하다.

학생에서 사회인으로 일하기까지 우리는 오랜 기간 학습했고 정신적으로 성장했다.

이 배움과 성장은 계속되고 또 계속되어야 한다.

누구나 신참으로 시작하지만, 전문가로, 또는 리더로 일하려면 일에 대한 지식과 역량, 보다 큰 책임을 실천할 수 있도록 성장해야 한다.

성장은 새로운 인식과 새로운 역량을 갖추는 일이다.

그리고 오직 자신의 노력과 행동에 의해서 가능한 일이다.

이 노력과 행동을 이끄는 것이 목표다.

목표가 클수록 큰 노력과 과감한 행동을 이끌 수 있다.

그리고 더욱 중요한 사실은 목표는 지속적인 노력과 행동을 이끈다는 점이다.

목표가 작다면 스스로를 강력하게 동기 부여할 수 없다.

동기부여를 한다고 해도 그 효과는 미미할 것이다.

당신이 지금까지 살아오면서 몰입하고 최선을 다한 경험을 돌아보라.

1등이 되기 위해서이든, 다른 사람보다 앞서려는 것이었든, 인정을 받기 위해서이든, 간절한 무엇을 얻기 위해서였든,

마음에 품은 목표가 당신을 이끌었던 사실을 기억할 수 있을 것이다.

이제 큰 목표를 생각해보자.

그것은 상상과 열정으로 만드는 목표다.

작은 목표는 현재 내가 가진 역량과 자원, 기회를 통해 파악되는 목표다.

'어느 정도 가능하다' 고 표현할 수 있는 목표이다.

큰 목표는 "하고 싶다.", "되고 싶다.", "되어야 한다."로 표현되는 목표이다.

즉, 작은 목표가 "확실성"이라는 세계관에서 나오는 목표라면, 큰 목표는 "불확실성"과 "필요성"이라는 세계관에서 나오는 목표이다.

현재 세계 전기차 산업을 선도하는 미국 테슬라의 창업자이자 CEO인 일런 머스크가 가진

목표는 "세계 수송산업을 혁신하는 것"이다.

그가 전기차 산업에 뛰어들었을 때, 그가 가진 이 꿈이 이루어질 가능성이 크다고 말할 수 있는 사람은 거의 없었다.

그에게 수송산업의 혁신은 필요한 일이었다. 그렇지만 불확실한 일이었다.

보통의 생각으로 이런 일을 전념해서 추구할 수 있을까?

실패할 가능성이 크고, 땀과 시간과 자원이 부질없이 사라질 위험이 막대한 일에 뛰어 들 수 있을까?

그래서 큰 목표에는 또 하나의 세계관이 필요하다.

바로 "하고 싶다"라는 세계관이다.

강렬한 열망이라는 세계관이다.

이런 세계관은 어떻게 가능할까?

우리가 바라보는 시점을 미래에 둘 때 가능하다.

미래로부터 현재를 보는 관점을 말한다.

시야를 멀리 둘수록 우리는 변화에 대한 전망을 높일 수 있고 보다 큰 목표를 발견할 수 있다. 곧 장기적 목표를 발견할 수 있다.

장기적 목표를 설정하는 것은 개인이 위대한 일에 도전하도록 동기를 부여하고 영감을 주는 효과적인 방법이다. 세 가지 이유

가 있다.

첫 번째 이유는 방향과 목적에 대한 명확한 감각을 제공하기 때문이다.

우리가 장기적인 목표를 가지고 있을 때, 우리는 행동에 우선순위를 두고 그 목표를 달성하기 위해 필요한 결정을 내릴 가능성이 더 크다.

장기적 목표를 달성하려면 상당한 자원과 노력이 필요하다는 감각과 명확한 방향으로 행동을 꾸준하게 집중해서 해야 한다는 것을 인식하기 때문이다.

무엇이 목표 달성에 필요한 일인가? 어디에 어떻게 시간을 사용해야 하는가? 필요한 자원은 무엇이며 어떻게 이를 획득할 것인가?

장기적인 목표는 이런 질문에 대해 답을 이끌어 낸다.

두 번째 이유는 더 크게 생각하고 더 야심 찬 프로젝트를 추구하도록 고취하기 때문이다. 타임라인이 길수록 우리에게는 실험하고, 실패로부터 배우고, 아이디어를 개선할 시간이 더 많다. 그래서 새로운 지식과 역량을 축적할 수 있다. 이를 통해 단기 목표로는 불가능할 돌파구와 혁신을 성취할 가능성을 높일 수 있다.

20세기 가장 뛰어난 발명가인 미국의 에디슨은 "나는 실패한 것이 아니다. 효과가 없는 10,000가지 방법을 알아낸 것이다"라는 말을 했다. 이 말은 시도와 실패의 과정은 곧 배움과 도약의 과정임을 말해준다.

큰 목표는 시도와 실패를 감당할 수 있는 정신역량을 갖추도록 견인한다.

마지막으로 장기적인 목표는 탄력성과 끈기를 구축하는 데 도움이 된다.

장기간에 걸쳐 원대한 목표를 달성하려면 지속적인 노력과 인내가 필요하다.

끈기는 천재적인 영감과 번뜩이는 재치보다도 중요한 성공의 원천이다.

우리가 익히 아는 위대한 예술 작품을 생각해 보라. 창작에 들인 시간이 곧 끈기의 시간이다.

스포츠나 엔터테인먼트업계에는 누구나 동의하는 성공의 비결이 있다.

그것은 '버티는 것'이라는 말이다.

물론, 끈기는 처음부터 인간에게 갖춰지는 자질이 아니다.

선천적으로 인내심이 강한 극히 소수의 사람이 있기는 하지만, 대개는 평범하다.

적당히 참고 적당히 견딜 수 있는 정도.

끈기는 길러지는 것이다.

끈기는 장기적인 목표를 추구하는 과정을 통해 개발될 수 있다.

원대한 목표가 행동에 힘을 불어넣고, 실패하거나 좌절할 때도 다시 시도할 용기를 주기 때문이다.

장기적 목표를 설정하는 것은 평범한 개인이 위대한 일을 성취하도록 영감을 주고 동기를 부여하는 강력한 방법이다.
성공적인 비즈니스를 구축하든, 개인적인 경력을 계발하든, 목표 기간이 길수록 성취 가능성이 커진다.

그리고 한 가지 중요한 사실이 있다.
목표는 발견되는 것이라는 점이다.

목표는 우리가 발견하는 것이다.
그 이유는 목표는 미래에 성취하려는 대상으로 의지와 행동의 서약을 담은 것이기 때문이다.
목표는 우리가 관심을 갖고 기대를 하고 의지를 담아 실현하려는 대상으로 우리가 목표라고 삼았기에 비로소 목표가 된다.
그래서 목표에는 행동한다는 서약이 담겨 있고, 또한 이것이 담겨 있어야 비로소 목표이다.
밤을 세우는 체력을 발휘하도록 하고, 높이 솟은 장애물을 만나도 뛰어 넘으려는 의지가 생길 수 있는 것은 바로 이 행동의 서약 때문이다.

5년은 많은 변화가 있을 수 있는 미래이다.

그 누구라도 성장할 수 있으며, 기회를 탐색하고 발견할 수 있는 기간이다.

길게, 멀리, 그리고 넓게 미래에 시선을 두고, 당신이 성취하고 싶은 목표를 탐색해 보라.

해리 포터(Harry Potter) 시리즈를 저술한 조앤 롤링(J. K. Rowling, 1965~)은 그녀가 아이 우유 값을 고민하는 미혼모였을 때, 첫 번째 책을 쓰기 시작했다. 그 후로 10년 동안 그녀는 7권의 전체 시리즈를 완성하고 출판했는데, 이 중 4권을 5년 동안에 출간했다.

당신에게도 5년은 충분한 미래이다.

가능한 멀리, 넓게 보고 목표를 생각해 보라.

만일, 내가 가진 자원이 부족하고 역량이 부족하다는 내면의 목소리가 들린다면 다음을 생각해 보라.

목표를 성취하려면 자원과 역량이 필요하고, 목표가 큰 만큼 요구되는 자원과 역량의 수준이 높아지는 것은 사실이다.

국내 리그에서 우승하는 것과 월드컵에서 우승하는 것에는 커다란 차이가 있다.

그러나 이것이 국내리그에 소속된 팀이 월드컵에서 우승을 목표로 삼는 일이 불가능한 일이라는 이유가 될 수는 없다.

현재의 자원과 역량이 부족하다는 사실을 인식하는 것은 당신이 큰 목표를 가졌기 때문이다.

자원과 역량에 맞춰 가능하다고 판단되는 목표를 생각했다면 당신은 결핍을 느끼지 않았을 것이다.

그러므로 자원과 역량을 향상하는데 모든 노력을 집중하는 것을 목표로 삼아야 한다.

세상에는 자원과 역량을 갖췄는데도 탁월한 성취를 이루지 못한 사람으로 넘친다.

그들은 크고 원대한 목표를 발견하지 않고 현실에 만족한 사람들이다.

목표에 따른 결핍은 좋은 것이다.

보다 좋은 것에 대한 욕망은 현재를 불편하기 느끼게 하고, 그동안의 성취가 끝이 아니라는 점을 상기시킨다.

"내가 향후 5년 동안에 실현하고 싶은 목표는 무엇인가?"

이 질문은 묻는다.

당신에게 큰 비전이 있는가를, 비전을 실현하는 행동의 서약을 담은 목표를 세웠는가를,

그리고 길을 만들면서 행동하고 있는가를 묻는다.

이 질문에 대한 답은 오직 당신만이 할 수 있다.

마음 속 깊은 곳에서 당신의 목소리를 들어 보라.

당신 자신을 새롭게 보라.

6

섬

삶의 과정에서, 삶을 통해 도달하는 곳

삶 전체에 대해 이력서를 쓴다면 무엇으로 채우게 될까?
어디에서 태어나 어떤 일을 했고 어디에서 살았다는 기록이 될까?
이런 기록이 나를 완전하게 설명한다고 말할 수 있을까?
나는 어떤 존재로 살았으며,
어떤 경험을 했으며,
사람들과 무엇을 나눴는가를 기록하는 것은 어떨까?
인간은 생명을 가진 존재로 태어나면서
삶을 살아갈 자격을 얻고 삶을 시작했다.
삶의 자격을 얻은 나는 어떤 사람으로 삶을 살고 싶은가?
그 삶이 어떤 삶이었다고 기록하고 싶은가?

28

나를 행복하게 만드는 것은 무엇이며
내 삶에 어떻게 행복을 더할 수 있을까?

행복은 모든 사람이 추구하지만 일상생활에서 자주 잊는 마음
의 상태다.

당신은 가까운 사람들에게 "당신은 행복한가요?"라는 말을
자주 하고 있는가?

혹은 자신에게 이 질문을 종종 하는가?

만일 행복이 화폐라면 당신은 얼마나 이를 많이 가진 부자라
고 생각하는가?

'행복해지고 싶다'라는 마음은 인간에게 가장 진실한 감정
이다.

"나를 행복하게 만드는 것은 무엇이며 내 삶에 어떻게 행복을

더 할 수 있을까?"

이 질문은 당신이 삶을 소중하게 대하고 있는가? 자신에게 충만한 삶을 추구하고 있는가를 묻는 질문이다.

이 질문에 대답하려면 먼저 내가 생각하는 행복이 무엇인가를 생각해야 한다.

잘 떠오르지 않는다면 현자들의 생각을 들여다보자.

소크라테스는 행복은 우연의 문제가 아니라 개인적인 미덕과 도덕적 우수성의 결과라고 믿었다.

아리스토텔레스는 행복은 건강, 부, 지식, 친구를 포함한 모든 재화를 얻는 일생을 통해 이루어진다고 믿었다. 이는 자신의 잠재력을 최선으로 실현하는 삶에서 얻을 수 있으며 이렇게 최선의 존재로 자신을 향상하는 것이 인간이 추구할 덕이다.

그리고 행복이란 일시적인 감정이 아니라 잘 살아온 삶에서 오는 지속적인 존재의 상태라고 말했다.

쾌락주의자로 불린 철학자들은 행복을 충만한 기쁨 혹은 적은 고통과 동일시한다.

쇼펜하우어는 행복은 외부세계에 대한 집착에서 벗어난 상태, 내면세계의 안정을 통해서 주어진다고 본다. "행복이란 스스로의 마음속에 존재하는 명랑함을 발전시키는데 있다"고 말하기도 했다.

현대 철학자들도 행복을 탐구한다. 대체로 행복이란 단순한 즐거움이나 만족을 넘어선 것으로 개인적인 성취, 의미 있는 삶을 경험하는 상태임을 강조한다.

종합하면 철학자들은 행복의 본질에 대해 다양한 견해를 제시했지만, 행복이 순간적인 감정이 아니라 개인적인 노력과 도덕적 우수성, 그리고 잘 사는 삶을 추구하는 지속적인 존재의 상태라는 점에 동의한다.

당신의 생각은 어떤가?
자신만의 정의를 내려 보자.

행복은 그 의미상 '더 이상 좋을 수 없는 상태'임을 뜻한다.
또한 행복을 느끼는 것은 주관적인 감정이다.
그래서 사람마다 행복은 다른 경험일 수 있고, 자신의 행복을 위해 노력하는 것은 결코 이기적인 행동이 아니다.
우리는 각자 행복을 추구해야 한다.

언제 당신은 가장 큰 기쁨을 느끼는가?
언제 당신은 삶이 가득 차 있다는 느낌을 받는가?
당신이 생각하는 행복은 그런 순간에 담겨 있을 수 있다.

사랑하는 사람들과 함께 있을 때
힘든 삶 속에서 위로와 배려를 느낄 때
쉽지 않지만 문득 어떤 불안감도 없으며 평화로움을 느낄 때

원하는 무엇을 만들고 세상에 드러낼 때

간절히 바라던 목표를 성취하고 자부심을 느낄 때

내가 원하는 세상을 만들기 위해 노력할 때

그것이 무엇이든 행복은 우리가 삶에서 기쁨을 느끼고 자신에 대해 가득참을 느끼는 그런 경험들이다.

그래서 우리는 행복을 추구해야 한다.

물론, 삶에는 행복을 느낄 수 없는 실망스럽거나 고통스러운 순간이 있다.

우리가 불행이라고 말하는 경험을 말한다.

나에게도 이런 순간이 있었다.

대학을 졸업하던 시기에 유학을 고민했으나 형편이 여유롭지 않아 포기했던 일.

컨설팅 회사를 창업하고 소수의 고객이지만 가치 있는 서비스를 제공하는 기업으로 키우던 중에 2008년 금융위기가 촉발한 경제위기가 닥치면서 사업을 접었던 일.

부모님을 떠나보낸 일…….

이런 일을 계속 경험하게 되면 행복을 기대하는 생각이 오히려 삶을 고통스럽게 만드는 것이 아닌가라고 생각할 수도 있다.

삶에 기대를 품었지만 실망하게 되고, 그런 삶에 지치고 힘겨움을 느낄 수밖에 없기 때문이다.

이런 순간에 우리는 삶에 결핍을 느낀다.

삶에서 항상 행복할 수는 없다는 것은 삶의 실제이기도 하다.

행복과 함께 불행을 껴안고 살아가는 것이 삶이라는 뜻이다.

이런 삶의 실제는 더욱 더 행복함을 추구하면서 삶을 소중하게 가꾸고, 의미로 가득 찬 삶을 살아가야 할 이유가 아닐까?

우리는 보다 더 많이 행복을 느끼는 삶을 살아갈 수 있다.

삶은 단일한 하나의 실체라기보다는 여러 삶의 조각들로 이루어진 삶이다.

행복과 불행은 삶에서 만나야 하는 삶의 조각들이다.

우리가 최선의 삶을 산다면, 이는 행복의 조각들이 더 많도록 살아가는 것이다.

당신의 삶에는 얼마나 많은 행복의 조각들이 있는가? 그리고 그 조각을 어디서 찾을 수 있을까?

행복한 경험을 많이 하는 것, 행복을 공유하는 사람들과 시간을 보내는 것, 행복한 감정을 나누는 것. 불행한 사람들을 돕는 것.

이것이 내게는 행복의 조각들이다. 물론, 당신은 나와 다른 행복의 조각들을 더할 수 있다.

그리고 잊지 말아야 할 것이 있다. 행복은 소유물이 아니다.

돈이나 어떤 사물로 값을 치루고 살 수 있는 것이 아니다.

그것은 삶의 과정에서 우리가 경험하는 가장 충만한 상태이다.

그렇다면 나중에 행복하면 된다고 유보될 수 있는 무엇이 아니다.

지금 바로 당신의 행복을 찾아야 한다.

먼저 무엇이 당신을 행복하게 하는지를 발견해야 한다.

넓게 멀리 탐색하길 바란다.

당신이 함께 하는 사람들, 당신이 하는 일, 당신이 하고 싶은 창작, 당신이 원하는 세상을 둘러보라.

프랑스의 소설가 생텍쥐페리((Saint-Exupéry, 1900~1948)가 쓴 『어린 왕자』에 나오는 말이다.

"가장 중요한 것은 우리 모두가 즐길 수 있을 만큼 풍성한 단순한 즐거움입니다……. 행복은 우리 주변에 모인 물건에 있지 않습니다. 그것을 찾기 위해 우리가 해야 할 일은 눈을 뜨는 것뿐입니다."

"나를 행복하게 만드는 것은 무엇이며 내 삶에 어떻게 행복을 더할 수 있을까?"

이 질문은 "당신이 가장 충만한 상태로 사는 삶을 살고 있는가?"를 묻는다.

이 질문에 대한 답은 오직 당신만이 할 수 있다.
마음 속 깊은 곳에서 당신의 목소리를 들어 보라.
당신 자신을 새롭게 보라.

29

나는 세상에 어떤 유산을 남기고 싶은가?

많은 사람들은 미국의 애플을 창업하고 세계적인 기업으로 성장시킨 스티브 잡스(Steve Jobs, 1955~2011)를 성공한 기업가로 기억하겠지만, 스티브 잡스는 자신이 원하는 삶을 찾고, 그런 삶을 살아가기 위해 최선을 다한 사람이다.

이런 삶의 태도는 우리에게 말해주는 무엇이 있다.

그가 삶을 대했던 태도를 잘 말해 주는 일화가 있다. 막 사회에 첫발을 떼는 대학졸업생들에게 했던 연설이다.

잡스는 2005년 스탠포드 졸업생들에게 다음과 같이 말했다.

"세 번째는 죽음에 관한 것입니다. 저는 17살에 이런 문구를 읽은 적이 있습니다.

'하루하루를 인생의 마지막 날처럼 산다면, 언젠가는 바른 길에 서 있을 것이다.' 이 글에 깊은 감명을 받은 저는 그 후 지난 33년 동안 거울을 보면서 제 자신에게 묻곤 했습니다.

'오늘이 내 인생의 마지막 날이라면, 지금 하려고 하는 일을 할 것인가?' 저는 아니오! 라는 답이 계속 나온다면, 변해야 한다는 걸 깨달았습니다. 인생의 중요한 순간마다 '나는 곧 죽을 것이다'는 사실을 명심하는 것은 결단을 내릴 때마다 저에게 가장 중요한 도구였습니다.

왜냐하면 외부의 기대, 자존심. 수치스러움과 실패에 대한 두려움들은 '죽음' 앞에서는 모두 밑으로 가라앉고, 오직 진실만이 남기 때문입니다.

죽음을 생각하는 것은 무엇을 잃을지도 모른다는 두려움에서 벗어나는 최고의 길입니다. 여러분들이 지금 모두 잃어버린 상태라면, 더 이상 잃을 것도 없기에 본능에 충실할 수밖에 없습니다. (중략)

우리 모두는 언젠가는 다 죽을 것입니다. 아무도 피할 수 없죠. 삶이 만든 최고의 작품이 '죽음'이니까요. 죽음이란 삶의 또 다른 모습입니다. 죽음은 새로운 것이 헌 것을 대체할 수 있도록 만들어줍니다.

지금의 여러분들은 '새로움'이란 자리에 서 있습니다. 그러나 언젠가는 여러분들도 새로운 세대들에게 그 자리를 물려줘야 할 것입니다.

너무 극단적으로 들렸다면 죄송하지만, 사실이 그렇습니다.

여러분들의 삶은 제한되어 있습니다. 그러니 낭비하지 마십시오.

다른 사람들의 생각과 결과물에 불과한 도그마에 얽매이지 마십시오.

타인의 잡음이 여러분들 내면의 진정한 목소리를 방해하지 못하게 하세요.

그리고 가장 중요한 것은 여러분의 마음과 영감을 따르는 용기를 가지는 것입니다.

이미 마음과 영감은 당신이 진짜로 무엇을 원하는지 알고 있습니다. 나머지 것들은 부차적인 것이죠."

"나는 세상에 어떤 유산을 남기고 싶은가?"

이 질문은 삶의 유한함을 일깨워 주며 당신에게 있어 삶을 관통하는 의미를 묻는 질문이다.

인간으로 태어난 우리는 언젠가 죽음을 마주한다.

그 시점을 모를 뿐, 언젠가는 삶을 마감하는 날이 틀림없이 온다.

잡스는 학업을 마치고 사회로 첫 발을 뗀다는 설렘과 미래에 대한 기대로 부푼 대학졸업생에게 '죽음'에 관해 말했다.

죽음이 있다는 사실, 곧 삶이 유한하다는 자각은 삶이란 모든 인간에게 주어진 하나 뿐인 기회이며, 나를 실현하는 가장 소중한 공간임을 일깨워 준다.

그리고 삶이란 끝이 있기 때문에 의미 없는 것이 아니라 끝이 있기 때문에 삶을 소중하게 대하고, 자신을 소중하게 대해야 하는 것임을 웅변한다.

마지막으로 나의 삶이 어떤 삶이어야 하는가를 인간은 고민해야 한다는 점을 일깨워 준다.

당신에게는 당신의 삶이 어떤 삶이어야 한다는 기대가 있는가?

가장 중요한 것은 나의 삶은 내가 진정으로 원하는 삶이어야 한다는 점이다.

즉, 그 누구도 아니라 나에게 최선의 삶이어야 한다는 것이다.

그리고 우리는 홀로 삶을 살지는 않는다. 삶이란 함께 사는 삶이기 때문이다.

혼자만의 삶이란 없다. 이는 불가능하다.

우리 모두는 가족과 동료, 친구들과 함께 삶을 살아간다.

나에게 최선의 삶은 우리가 사랑하는 사람들에게도 최선의 삶일 것이다.

당신 마음 속 깊게 질문해 보라.

나에게 최선의 삶이 내가 사랑하고 아끼는 사람들에게도 최선의 삶이길 바라지 않는가?

이처럼 최선의 삶을 살아가면서 드러나는 것이 삶을 통해 남기는 유산이다.

당신은 무엇을 남기고 싶은가?

유산은 내가 살아온 삶을 통해 사람들과 세계에 미친 영향이라고 말할 수 있다.

유산은 사랑하는 사람들에 대한 배려와 돌봄일 수도 있고,

내가 창조한 작품일 수도 있고,

전문분야에서 쌓아 온 업적일 수도 있고

사람들의 정신에 미친 사상일수도 있고,

또는 조직을 통해 사람들의 생활에 미친 공헌일 수도 있고

풍족한 생활을 돕는 많은 재산일 수도 있다.

유산이 무엇이든 이들은 우리가 살아온 삶의 결과물로서 내 삶을 말해준다.

그래서 유산에 대한 생각은 결국 내가 삶을 살아가는 의미와 깊게 연결되어 있다.

수백 년간 이어진 인종차별을 종식시키는데 평생을 바친 남아프리카공화국의 넬슨 만델라(Nelson Mandela, 1918~2013)는 이렇게 말했다.

"나는 모든 사람이 조화롭게 평등한 기회를 누리며 함께 사는 민주적이고 자유로운 사회의 이상을 소중히 여겼습니다. 그것은 제가 추구하고 성취하고자 하는 이상입니다. 그러나 필요하다면 그것은 내가 죽을 준비가 된 이상이기도 합니다."

잡스는 혁신과 창의성이라는 유산을 남기고 싶어 했다.

그는 한계를 뛰어넘고 고정관념을 깨는 생각을 믿었고 그의 회사인 애플이 그의 죽음 이후에도 혁신을 지속하기를 원했다.

"나는 우주에 작은 소리를 내고 싶습니다." 잡스가 한 말이다.

당신은 어떤 유산을 남기고 싶은가?

지금 그것을 생각해 보고 글로 적어보기 바란다.

삶은 기간이 정해져 있지만 삶을 채우는 것은 정해져 있지 않다.

그것은 우리가 무엇으로 삶을 채우고 싶은가에 따라 정해질 것이다.

그것은 우리가 생각하는 삶의 넓이와 깊이에 따라 정해질 것이다.

그렇게 채워진 삶을 통해 우리는 후손에게 유산을 남긴다.

"인생은 한 권의 책과 같다.

어리석은 이는 그것을 마구 넘겨 버리지만, 현명한 이는 열심히 읽는다.

인생은 단 한 번만 읽을 수 있다는 것을 알기 때문이다."

독일 작가인 장 파울(Jean Paul, 1763~1825) 이 남긴 말이다.

"나는 세상에 어떤 유산을 남기고 싶은가?"

이 질문은 당신이 채우려는 삶, 삶에 담긴 의미를 묻고 있다.

이 질문에 대한 답은 오직 당신만이 할 수 있다.

마음 속 깊은 곳에서 당신의 목소리를 들어 보라.

당신 자신을 새롭게 보라.

30

나는 어떤 사람으로 기억되고 싶은가?

당신은 자신이 어떤 사람인가를 알고 있는가?

가족이나 친구들은 당신을 어떤 사람이라고 말하는가?

또는 사회에서 만난 사람들은 당신을 어떤 사람이라고 생각하고 있는가?

- 재미있고 유쾌한 친구야.
- 꽤 능력 있고 믿을만한 사람이야
- 함께 있으면 따뜻한 사람이야······.

또한 당신에게는 사람들이 인식해 주기를 바라는 당신의 모습이 있을 것이다.

그런데 중요한 것은 당신이 진실로 생각하는 당신의 모습을 사람들이 생각하는 것이 아닐까?

"나는 어떠한 사람으로 기억되고 싶은가"
이 질문에는 두 가지 중요한 사실이 담겨 있다. 그리고 세 가지 의미를 묻고 있다.

첫째, 이 질문은 모든 인간은 세상을 떠난다는 삶의 진실을 말해준다.
영원히 살 수 있는 사람은 없다.
우리는 모두 태어나서 살다가 결국은 떠나는 유한한 존재이다.
삶은 한 번 뿐이다.
이 질문은 모든 인간의 인생은 그래서 소중하다는 사실을 말해준다.

두 번째 사실은 인간은 유한하지만 또한 한계를 넘어 살아가는 존재라는 것이다.
그 이유는 인간은 서로를 기억하기 때문이다.
인간은 서로를 기억한다.
부모를 기억하고, 친구를 기억한다. 스승을 기억한다.
혹은 자신과 동시대를 살지도 않았던 오래된 사람을 기억하기도 한다.

인간은 유한하지만 사람을 통해 기억될 때 또 다른 생명을 얻는다.

어떤 사람은 예술가들이 창작에 자신을 불태우는 이유가 영원한 기억을 얻고 싶기 때문이라고 말했는데, 나는 어느 정도 진실이 담겨 있는 말이라고 생각한다.

다음으로 "나는 어떤 사람으로 기억되고 싶은가"라는 질문에는 세 가지 의미가 있다.

첫 번째, 궁극적 가치를 묻고 있다.

'나는 무엇을 위해 사는가?' 라는 질문이다.

내가 보내는 시간이 헛되지 않고, 내가 땀 흘리는 일에 보람이 있으며, 내가 고민하고 추구하는 그 무엇을 말이다.

인간에게는 삶을 관통하는 가치가 있다.

인도 독립을 이끈 평화운동가 마하트마 간디(Mohandas Karamchand Gandhi, 1869~1948)에게는 겸손, 배려, 평화가 가치였다.

60, 70년대 세계를 풍미한 밴드 비틀즈의 리더였던 존 레논(John W. Lennon, 1940~1980) 에게는 자유, 열정, 창작이 가치였다.

가천대학교 길병원 설립자로 가천길재단 회장인 이길여(1932~)에게는 박애, 봉사, 애국이 가치였다.

두 번째, 정체성을 묻고 있다.

나는 어떠한 사람이라고 생각하는가를 묻는 것이다.

정체성이란 존재에게서 그것을 빼고 나면 남는 것이 없는 어떤 것을 뜻한다.

당신이 누구인가를 말해준다고 생각할 수 있는 몇 가지가 있다.

회사의 임원, 팀장, 사원, 가족의 일원, 태어나고 자란 고향, 혹은 사회단체 회원…….

그런데 이들 모두가 당신의 정체성을 구성하는 요소가 아니다.

정체성은 당신이 믿는 당신의 개성이자, 당신이 다른 누구도 아닌 '당신 자신'임을 느끼도록 하는 무엇이다.

나는 관대하며 따뜻한 사람이다.

나는 열정과 창의력을 가진 사람이다.

나는 지역사회를 위해 헌신하는 사람이다.

나는 예의가 있고 사람을 존중하며 필요한 일을 하는 사람이다.

나는 신을 위해 봉사하는 도구이다…….

나 자신임을 느끼도록 하는 나의 개성을 생각해 보라.

세 번째, 당신이 세상에 남기고 싶은 유산이다.

인간은 서로가 영향을 미치고, 서로에게 배우면서 살아간다.

그리고 서로 도움을 받으며 살아간다.

가장 가까운 영향은 가족이다.

모든 사람은 부모를 통해 태어난다. 탄생은 가장 크고 소중한 영향이다.

우리 모두는 부모님에게 가장 큰 영향을 받고 태어났다.

그리고 여러 사람과 만나고 접촉하면서 영향을 주고받게 된다.

부모, 형제, 자매, 자녀, 친구, 스승, 후배, 동료, 상사, 고객……

영향에는 긍정적, 부정적 영향이 있다.

어떤 영향을 미칠지는 당신의 선택, 당신이 살아가는 삶이 결정한다.

당신은 어떤 영향을 미치고, 또한 남기고 싶은가?

가족에게 많은 재산을 남기는 것

유용한 지식과 학문의 진보를 남기는 것

보다 좋은 세상을 위한 변화를 남기는 것

혹은 사람들의 마음에 어떤 소망을 남기는 것……

"당신은 어떤 사람으로 기억되고 싶은가?"

오스트리아가 배출한 뛰어난 경제학자인 슘페터(Joseph A.

Schumpeter, 1883~1950)도 이 질문을 받았다.

"나는 유럽에서 최고의 기수이자, 가장 훌륭한 애인으로 기억되고 싶다."

25살의 청년 슘페터가 했던 대답이다.

그런데 슘페터는 죽음을 앞둔 어느 날에 이 질문을 다시 받았다.

그는 병상에서 그의 오랜 친구인 아돌프 드러커를 만나는데, 이 분은 경영사상가 피터 드러커의 아버지이기도 했다. 다음은 드러커가 전해 주는 이야기이다.

청년 드러커는 중병이 들어 입원한 슘페터를 아버지와 함께 문병했다.

그때 드러커의 아버지인 아돌프 드러커가 슘페터에게 질문했다.

"자네 그 질문을 아직도 기억하나? 젊은 시절에 우리가 무엇으로 기억되고 싶은가를 얘기했지 않나. 나는 아직도 자네가 한 대답을 기억하고 있는데 말일세."

죽음을 앞둔 60대의 슘페터는 다음과 같이 대답했다.

"나는 뛰어난 경제학자를 몇 사람 배출한 사람으로 기억되고 싶다네."

이 이야기를 전해 준 피터 드러커는 같은 질문에 어떻게 대답했을까?

드러커는 90세가 넘은 말년에 미국 잉크지 기자와 인터뷰를 가졌다.

"박사님은 어떤 사람으로 기억되고 싶으셨나요?"
"나는 다른 사람의 목표달성을 도와 준 사람"으로 기억되고 싶습니다.
평생 39권의 책을 저술했고, 90세가 넘어서까지 강의했고, 기업과 비영리기관, 공공기관의 리더를 돕는 멘토로 살아 온 대학자의 고백이다.

"나는 어떠한 사람으로 기억되고 싶은가?"
이 질문은 삶에서 추구하는 궁극적 가치, 나라는 존재의 정체성, 그리고 사람들에게 남기고 싶은 유산을 묻는다.
이 질문은 자신을 새롭게 바라보도록 만든다.
자신을 그냥 살아가는 어떤 사람이 아니라 '될 수 있는 사람', '되고 싶은 사람'으로 생각하도록 촉구하기 때문이다.

"나는 어떠한 사람으로 기억되고 싶은가?"
이 질문은 되고 싶은 나와 나의 삶을 찾는 질문이다.

이 질문에 대한 답은 오직 당신만이 할 수 있다.
마음 속 깊은 곳에서 당신의 목소리를 들어 보라.
당신 자신을 새롭게 보라.

나를 찾는 30가지 질문

1판 1쇄 인쇄 2024년 11월 11일
1판 1쇄 발행 2024년 11월 15일

지은이 문정엽
펴낸이 김영곤
펴낸곳 (주)북이십일 아르테

편집팀 정지은 박지석 김지혜 이영애 김경애 양수안
출판마케팅팀 한충희 남정한 나은경 최명렬 한경화
영업팀 변유경 김영남 강경남 황성진 김도연 권채영 전연우 최유성
제작팀 이영민 권경민
진행·디자인 다함미디어 | 함성주 유예지

출판등록 2000년 5월 6일 제406-2003-061호
주소 (10881) 경기도 파주시 회동길 201(문발동)
대표전화 031-955-2100 **팩스** 031-955-2151 **이메일** book21@book21.co.kr

© 문정엽, 2024

ISBN 979-11-7117-908-4 03190

아르테는 (주)북이십일의 문학·교양 브랜드입니다.